山西经济普查年鉴

Shanxi Economic Census Yearbook 2018

第三产业卷

山西省第四次全国经济普查领导小组办公室
山　西　省　统　计　局　编著

中国统计出版社
China Statistics Press

图书在版编目（CIP）数据

山西经济普查年鉴. 2018. 第三产业卷 / 山西省第四次全国经济普查领导小组办公室, 山西省统计局编著. -- 北京 : 中国统计出版社, 2020.11
ISBN 978-7-5037-9308-0

Ⅰ. ①山… Ⅱ. ①山… ②山… Ⅲ. ①地方经济－普查－山西－2018－年鉴②第三产业－产业经济－普查－山西－2018－年鉴 Ⅳ. ①F127.25-54②F727.25-54

中国版本图书馆 CIP 数据核字(2020)第 195461 号

山西经济普查年鉴—2018/第三产业卷

作　　者/山西省第四次全国经济普查领导小组办公室　山西省统计局
责任编辑/冯燕玲
封面设计/黄俊杰　李雪燕
出版发行/中国统计出版社
通信地址/北京市丰台区西三环南路甲 6 号　邮政编码/100073
电　　话/邮购（010）63376909　书店（010）68783171
网　　址/http://www.zgtjcbs.com/
印　　刷/河北鑫兆源印刷有限公司
经　　销/新华书店
开　　本/880mm×1230mm　1/16
字　　数/564 千字
印　　张/17.5
版　　别/2020 年 11 月第 1 版
版　　次/2020 年 11 月第 1 次印刷
定　　价/880.00 元（全四册附光盘）

本书附同版本 CD-ROM 一张，光盘内容以书面文字为准。
如有印装差错，由本社发行部调换。

第三产业卷　目录

第一篇　批发和零售业企业基本情况及财务状况篇

A. 行业部分
1-A-1　批发业法人企业基本情况……3
1-A-2　限额以上批发业法人企业基本情况……6
1-A-3　批发业法人企业财务状况……9
1-A-4　限额以上批发业法人企业财务状况……12
1-A-5　零售业法人企业基本情况……15
1-A-6　限额以上零售业法人企业基本情况……18
1-A-7　零售业法人企业财务状况……21
1-A-8　限额以上零售业法人企业财务状况……24
B. 地区部分
1-B-1　分地区批发业法人企业基本情况……27
1-B-2　分地区批发业法人企业基本情况(按国民经济行业分)……27
1-B-3　分地区批发业法人企业基本情况(按登记注册类型分)……32
1-B-4　分地区批发业法人企业财务状况……37
1-B-5　分地区批发业法人企业财务状况(按国民经济行业分)……38
1-B-6　分地区批发业法人企业财务状况(按登记注册类型分)……42
1-B-7　分地区零售业法人企业基本情况……48
1-B-8　分地区零售业法人企业基本情况(按国民经济行业分)……48
1-B-9　分地区零售业法人企业基本情况(按登记注册类型分)……53
1-B-10　分地区零售业法人企业基本情况(按零售业态分)……58
1-B-11　分地区零售业法人企业财务状况……68
1-B-12　分地区零售业法人企业财务状况(按国民经济行业分)……69
1-B-13　分地区零售业法人企业财务状况(按登记注册类型分)……73
1-B-14　分地区零售业法人企业财务状况(按零售业态分)……79

第二篇　住宿和餐饮业企业基本情况及财务状况篇

A. 行业部分
2-A-1　住宿业法人企业基本情况……91
2-A-2　限额以上住宿业法人企业基本情况……92
2-A-3　住宿业法人企业财务状况……93
2-A-4　限额以上住宿业法人企业财务状况……94

2-A-5 餐饮业法人企业基本情况……95
2-A-6 限额以上餐饮业法人企业基本情况……96
2-A-7 餐饮业法人企业财务状况……97
2-A-8 限额以上餐饮业法人企业财务状况……98

B. 地区部分

2-B-1 分地区住宿业法人企业基本情况……99
2-B-2 分地区住宿业法人企业基本情况(按国民经济行业分)……99
2-B-3 分地区住宿业法人企业基本情况(按登记注册类型分)……102
2-B-4 分地区住宿业法人企业基本情况(按星级分)……107
2-B-5 分地区住宿业法人企业财务状况……110
2-B-6 分地区住宿业法人企业财务状况(按国民经济行业分)……111
2-B-7 分地区住宿业法人企业财务状况(按登记注册类型分)……113
2-B-8 分地区住宿业法人企业财务状况(按星级分)……118
2-B-9 分地区餐饮业法人企业基本情况……121
2-B-10 分地区餐饮业法人企业基本情况(按国民经济行业分)……122
2-B-11 分地区餐饮业法人企业基本情况(按登记注册类型分)……124
2-B-12 分地区餐饮业法人企业财务状况……129
2-B-13 分地区餐饮业法人企业财务状况(按国民经济行业分)……130
2-B-14 分地区餐饮业法人企业财务状况(按登记注册类型分)……132

第三篇 房地产开发经营业生产经营及财务状况篇

3-1 各地区按登记注册类型分房地产开发企业个数……140
3-2 各地区按登记注册类型分房地产开发企业年末从业人数……142
3-3 各地区按登记注册类型分房地产开发企业资产总计……144
3-4 房地产开发企业主要指标情况……146
3-5 各地区按资质等级分房地产开发企业个数……147
3-6 各地区按资质等级分房地产开发企业年末从业人数……147
3-7 各地区按资质等级分房地产开发企业资产总计……148
3-8 各地区按用途分房地产开发企业房屋施工面积……148
3-9 各地区按资质等级分房地产开发企业房屋施工面积……149
3-10 各地区按资质等级分房地产开发企业商品住宅施工面积……149
3-11 各地区按用途分房地产开发企业房屋新开工面积……150
3-12 各地区按资质等级分房地产开发企业房屋新开工面积……150
3-13 各地区按资质等级分房地产开发企业商品住宅新开工面积……151
3-14 各地区按用途分房地产开发企业房屋竣工面积……151
3-15 各地区按资质等级分房地产开发企业房屋竣工面积……152
3-16 各地区按资质等级分房地产开发企业商品住宅竣工面积……152
3-17 各地区按用途分房地产开发企业房屋竣工价值……153
3-18 各地区按资质等级分房地产开发企业房屋竣工价值……153
3-19 各地区按资质等级分房地产开发企业商品住宅竣工价值……154

3-20 各地区房地产开发企业建造的房屋面积和造价……154
3-21 各地区按用途分房地产开发企业商品房销售面积……155
3-22 各地区按资质等级分房地产开发企业商品房销售面积……155
3-23 各地区按资质等级分房地产开发企业商品住宅销售面积……156
3-24 各地区按用途分房地产开发企业商品房期房销售面积……156
3-25 各地区按用途分房地产开发企业房屋出租面积……157
3-26 各地区按用途分房地产开发企业商品房销售额……157
3-27 各地区按资质等级分房地产开发企业商品房销售额……158
3-28 各地区按资质等级分房地产开发企业商品住宅销售额……158
3-29 各地区房地产开发企业商品房待售情况……159
3-30 各地区按用途分房地产开发企业商品房待售面积……159
3-31 各地区房地产开发企业土地开发及其购置情况……160
3-32 各地区房地产开发企业主营业务收入及其构成……161
3-33 各地区按登记注册类型分房地产开发企业营业收入……162
3-34 各地区按登记注册类型分房地产开发企业主营业务收入……164
3-35 各地区按登记注册类型分房地产开发企业负债合计……166
3-36 各地区按登记注册类型分房地产开发企业资产总计……168

第四篇 服务业企业财务状况篇

4-1 服务业法人单位基本情况……173
4-2 交通运输、仓储和邮政业企业法人单位主要指标……174
4-3 交通运输、仓储和邮政业企业法人单位分地区主要指标……175
4-4 交通运输、仓储和邮政业企业法人单位分登记注册类型主要指标……175
4-5 信息传输、软件和信息技术服务业企业法人单位主要指标……176
4-6 信息传输、软件和信息技术服务业企业法人单位分地区主要指标……176
4-7 信息传输、软件和信息技术服务业企业法人单位分登记注册类型主要指标……177
4-8 金融业企业法人单位主要指标……177
4-9 房地产业企业法人单位主要指标……178
4-10 房地产业企业法人单位分地区主要指标……178
4-11 房地产业企业法人单位分登记注册类型主要指标……179
4-12 租赁和商务服务业企业法人单位主要指标……179
4-13 租赁和商务服务业企业法人单位分地区主要指标……180
4-14 租赁和商务服务业企业法人单位分登记注册类型主要指标……180
4-15 科学研究和技术服务业企业法人单位主要指标……181
4-16 科学研究和技术服务业企业法人单位分地区主要指标……182
4-17 科学研究和技术服务业企业法人单位分登记注册类型主要指标……182
4-18 水利、环境和公共设施管理业企业法人单位主要指标……183
4-19 水利、环境和公共设施管理业企业法人单位分地区主要指标……184
4-20 水利、环境和公共设施管理业企业法人单位分登记注册类型主要指标……184
4-21 居民服务、修理和其他服务业企业法人单位主要指标……185

4-22 居民服务、修理和其他服务业企业法人单位分地区主要指标 …… 185
4-23 居民服务、修理和其他服务业企业法人单位分登记注册类型主要指标 …… 186
4-24 教育企业法人单位主要指标 …… 186
4-25 教育企业法人单位分地区主要指标 …… 187
4-26 教育企业法人单位分登记注册类型主要指标 …… 187
4-27 卫生和社会工作企业法人单位主要指标 …… 188
4-28 卫生和社会工作企业法人单位分地区主要指标 …… 188
4-29 卫生和社会工作企业法人单位分登记注册类型主要指标 …… 189
4-30 文化、体育和娱乐业企业法人单位主要指标 …… 190
4-31 文化、体育和娱乐业企业法人单位分地区主要指标 …… 191
4-32 文化、体育和娱乐业企业法人单位分登记注册类型主要指标 …… 191
4-33 国有控股企业分行业主要指标 …… 192
4-34 非公有控股企业分行业主要指标 …… 194
4-35 规模以上交通运输、仓储和邮政业企业法人单位主要指标 …… 196
4-36 规模以上信息传输、软件和信息技术服务业企业法人单位主要指标 …… 198
4-37 规模以上物业管理、房地产中介服务、房地产租赁经营和其他房地产业企业法人单位主要指标 …… 200
4-38 规模以上租赁和商务服务业企业法人单位主要指标 …… 200
4-39 规模以上科学研究和技术服务业企业法人单位主要指标 …… 202
4-40 规模以上水利、环境和公共设施管理业企业法人单位主要指标 …… 204
4-41 规模以上居民服务、修理和其他服务业企业法人单位主要指标 …… 206
4-42 规模以上教育企业法人单位分行业主要指标 …… 208
4-43 规模以上卫生和社会工作企业法人单位分行业主要指标 …… 208
4-44 规模以上文化、体育和娱乐业法人单位主要指标 …… 210

第五篇　服务业行政事业及非企业法人单位篇

5-1 服务业行政事业及非企业法人单位分行业主要指标 …… 215
5-2 交通运输、仓储和邮政业行政事业及非企业法人单位分地区主要指标 …… 218
5-3 信息传输、软件和信息技术服务业行政事业及非企业法人单位分地区主要指标 …… 218
5-4 租赁和商务服务业行政事业及非企业法人单位分地区主要指标 …… 219
5-5 科学研究和技术服务业行政事业及非企业法人单位分地区主要指标 …… 219
5-6 水利、环境和公共设施管理业行政事业及非企业法人单位分地区主要指标 …… 220
5-7 居民服务、修理和其他服务业行政事业及非企业法人单位分地区主要指标 …… 220
5-8 教育行政事业及非企业法人单位分地区主要指标 …… 221
5-9 卫生和社会工作行政事业及非企业法人单位分地区主要指标 …… 221
5-10 文化、体育和娱乐业行政事业及非企业法人单位分地区主要指标 …… 222
5-11 公共管理、社会保障和社会组织行政事业及非企业法人单位分地区主要指标 …… 222

第六篇　企业信息化情况篇

6-1　分行业企业使用计算机情况……224
6-2　分地区企业使用计算机情况……227
6-3　分行业企业信息化管理情况……228
6-4　分地区企业信息化管理情况……234
6-5　分行业企业使用网络情况……236
6-6　分地区企业使用网络情况……242
6-7　分行业企业建网站情况……243
6-8　分行业企业通过互联网开展活动情况……246
6-9　分地区企业通过互联网开展活动情况……258
6-10　分行业企业互联网宣传和推广情况……260
6-11　分地区企业互联网宣传和推广情况……266

附　录

主要指标解释……271

第1篇

批发和零售业企业基本情况及财务状况篇

资料整理校对：张艳芳　郭俊凯

A. 行业部分

1-A-1　批发业法人企业基本情况

分　组	法人单位数（个）	从业人员期末人数（人）
批发业	**68125**	**357894**
按国民经济行业分组		
农、林、牧、渔产品批发	2471	12000
谷物、豆及薯类批发	863	4152
种子批发	465	2163
畜牧渔业饲料批发	140	510
棉、麻批发	36	576
林业产品批发	174	2317
牲畜批发	157	302
渔业产品批发	6	14
其他农牧产品批发	630	1966
食品、饮料及烟草制品批发	5910	37305
米、面制品及食用油批发	577	3711
糕点、糖果及糖批发	107	459
果品、蔬菜批发	973	4821
肉、禽、蛋、奶及水产品批发	351	2449
盐及调味品批发	280	2798
营养和保健品批发	146	824
酒、饮料及茶叶批发	1180	7054
烟草制品批发	46	7155
其他食品批发	2250	8034
纺织、服装及家庭用品批发	4111	18554
纺织品、针织品及原料批发	465	1498
服装批发	1014	7388
鞋帽批发	41	497
化妆品及卫生用品批发	423	1428
厨具卫具及日用杂品批发	752	2389
灯具、装饰物品批发	190	629
家用视听设备批发	69	494
日用家电批发	456	2042
其他家庭用品批发	701	2189
文化、体育用品及器材批发	1683	5844
文具用品批发	944	2512
体育用品及器材批发	168	565
图书批发	196	1391
报刊批发	5	35

1-A-1 续表 1

分　组	法人单位数(个)	从业人员期末人数(人)
音像制品、电子和数字出版物批发	19	171
首饰、工艺品及收藏品批发	197	715
乐器批发	5	18
其他文化用品批发	149	437
医药及医疗器材批发	2166	26004
西药批发	230	11409
中药批发	210	4903
动物用药品批发	40	348
医疗用品及器材批发	1686	9344
矿产品、建材及化工产品批发	28139	166732
煤炭及制品批发	8633	92380
石油及制品批发	628	5347
非金属矿及制品批发	558	2021
金属及金属矿批发	3689	16746
建材批发	11480	35352
化肥批发	1135	5156
农药批发	231	860
农用薄膜批发	22	62
其他化工产品批发	1763	8808
机械设备、五金产品及电子产品批发	18837	74998
农业机械批发	518	2711
汽车及零配件批发	1523	7276
摩托车及零配件批发	288	745
五金产品批发	4189	13705
电气设备批发	1846	6343
计算机、软件及辅助设备批发	928	3901
通讯设备批发	280	2313
广播影视设备批发	17	42
其他机械设备及电子产品批发	9248	37962
贸易经纪与代理	957	2779
贸易代理	632	2037
一般物品拍卖	97	385
艺术品、收藏品拍卖	19	74
艺术品代理	8	13
其他贸易经纪与代理	201	270
其他批发业	3851	13678
再生物资回收与批发	1519	5515

1-A-1 续表 2

分 组	法人单位数 (个)	从业人员期末人数 (人)
宠物食品用品批发	12	24
互联网批发	51	140
其他未列明批发业	2269	7999
按登记注册类型分组		
内资企业	68072	355641
国有企业	444	14053
集体企业	519	7895
股份合作企业	3	17
联营企业	15	193
国有联营企业	2	115
集体联营企业	8	23
国有与集体联营企业	5	55
其他联营企业		
有限责任公司	6217	91172
国有独资公司	220	19846
其他有限责任公司	5997	71326
股份有限公司	412	5959
私营企业	59430	233755
私营独资企业	1871	4522
私营合伙企业	42	152
私营有限责任公司	56851	225660
私营股份有限公司	666	3421
其他企业	1032	2597
港、澳、台商投资企业	19	1825
与港澳台商合资经营企业	9	377
与港澳台商合作经营企业		
港澳台商独资经营企业	10	1448
港澳台商投资股份有限公司		
其他港澳台投资企业		
外商投资企业	34	428
中外合资经营企业	14	367
中外合作经营企业	1	
外资企业	18	61
外商投资股份有限公司	1	
其他外商投资		

1-A-2 限额以上批发业法人企业基本情况

分　组	法人单位数(个)	从业人员期末人数(人)
批发业	**1122**	**76681**
按国民经济行业分组		
农、林、牧、渔产品批发	37	3022
谷物、豆及薯类批发	25	828
种子批发	6	399
畜牧渔业饲料批发	1	17
棉、麻批发	1	8
林业产品批发	1	1670
牲畜批发	1	14
渔业产品批发		
其他农牧产品批发	2	86
食品、饮料及烟草制品批发	131	14445
米、面制品及食用油批发	20	934
糕点、糖果及糖批发	3	76
果品、蔬菜批发	14	1180
肉、禽、蛋、奶及水产品批发	16	699
盐及调味品批发	16	1157
营养和保健品批发	2	59
酒、饮料及茶叶批发	35	2808
烟草制品批发	14	6937
其他食品批发	11	595
纺织、服装及家庭用品批发	33	5216
纺织品、针织品及原料批发	1	4
服装批发	12	4199
鞋帽批发	3	111
化妆品及卫生用品批发	2	72
厨具卫具及日用杂品批发	1	64
灯具、装饰物品批发		
家用视听设备批发	2	305
日用家电批发	11	449
其他家庭用品批发	1	12
文化、体育用品及器材批发	28	961
文具用品批发	8	194
体育用品及器材批发	4	94
图书批发	7	453
报刊批发		
音像制品、电子和数字出版物批发		
首饰、工艺品及收藏品批发	8	215

1-A-2　续表 1

分　　组	法人单位数 (个)	从业人员期末人数 (人)
乐器批发	1	5
其他文化用品批发		
医药及医疗器材批发	123	12646
西药批发	70	8731
中药批发	24	2931
动物用药品批发		
医疗用品及器材批发	29	984
矿产品、建材及化工产品批发	596	34107
煤炭及制品批发	355	27838
石油及制品批发	37	1354
非金属矿及制品批发	3	56
金属及金属矿批发	123	2767
建材批发	35	815
化肥批发	14	396
农药批发		
农用薄膜批发		
其他化工产品批发	29	881
机械设备、五金产品及电子产品批发	155	5588
农业机械批发	9	286
汽车及零配件批发	56	1395
摩托车及零配件批发		
五金产品批发	7	573
电气设备批发	5	69
计算机、软件及辅助设备批发	12	284
通讯设备批发	6	382
广播影视设备批发		
其他机械设备及电子产品批发	60	2599
贸易经纪与代理	1	8
贸易代理	1	8
一般物品拍卖		
艺术品、收藏品拍卖		
艺术品代理		
其他贸易经纪与代理		
其他批发业	18	688
再生物资回收与批发	7	207
宠物食品用品批发		
互联网批发		
其他未列明批发业	11	481

1-A-2 续表 2

分　组	法人单位数 (个)	从业人员期末人数 (人)
按登记注册类型分组		
内资企业	1115	74671
国有企业	39	8238
集体企业	22	2539
股份合作企业		
联营企业		
国有联营企业		
集体联营企业		
国有与集体联营企业		
其他联营企业		
有限责任公司	306	36005
国有独资公司	65	11438
其他有限责任公司	241	24567
股份有限公司	13	2848
私营企业	733	24995
私营独资企业	5	58
私营合伙企业	1	75
私营有限责任公司	718	24516
私营股份有限公司	9	346
其他企业	2	46
港、澳、台商投资企业	5	1707
与港澳台商合资经营企业	3	299
与港澳台商合作经营企业		
港澳台商独资经营企业	2	1408
港澳台商投资股份有限公司		
其他港澳台投资企业		
外商投资企业	2	303
中外合资经营企业	2	303
中外合作经营企业		
外资企业		
外商投资股份有限公司		
其他外商投资		
按单位规模分组		
大型	53	33782
中型	394	31102
小型	510	10194
微型	165	1603

1-A-3　批发业法人企业财务状况

单位：万元

分　组	资产总计	负债合计	营业收入
批发业	**117996583.9**	**88283388.6**	**132222210.2**
按国民经济行业分组			
农、林、牧、渔产品批发	1681944.9	1178025.6	710668.7
谷物、豆及薯类批发	785660.7	655276.6	403155.7
种子批发	258117.0	91309.3	102502.6
畜牧渔业饲料批发	22622.6	17662.3	19755.6
棉、麻批发	76277.7	120095.4	49975.3
林业产品批发	198877.9	79840.1	66137.8
牲畜批发	27013.0	20316.6	10465.3
渔业产品批发	60.6	40.1	83.1
其他农牧产品批发	313315.3	193485.2	58593.1
食品、饮料及烟草制品批发	4097138.6	2134943.7	6712383.5
米、面制品及食用油批发	436954.6	302007.5	389673.0
糕点、糖果及糖批发	26802.7	22544.1	57829.0
果品、蔬菜批发	484101.1	339453.3	432793.8
肉、禽、蛋、奶及水产品批发	194846.2	100768.6	217919.2
盐及调味品批发	150261.6	94715.0	138054.8
营养和保健品批发	37766.3	19858.6	38851.5
酒、饮料及茶叶批发	1039319.7	643532.6	1714436.0
烟草制品批发	1270555.3	331401.6	3190030.0
其他食品批发	456531.1	280662.4	532796.2
纺织、服装及家庭用品批发	3612063.1	1719874.2	2395549.0
纺织品、针织品及原料批发	84158.1	75981.4	37272.5
服装批发	2492882.1	846413.8	690788.2
鞋帽批发	24467.9	19824.5	37503.1
化妆品及卫生用品批发	88538.7	59190.0	54885.4
厨具卫具及日用杂品批发	153840.0	103722.0	109044.5
灯具、装饰物品批发	37150.1	14498.5	37952.2
家用视听设备批发	45427.1	38641.8	31813.2
日用家电批发	534407.9	469058.3	1272555.8
其他家庭用品批发	151191.3	92543.9	123734.1
文化、体育用品及器材批发	906641.9	499668.8	884223.9
文具用品批发	347531.5	199582.8	329776.1
体育用品及器材批发	45890.2	34155.6	60808.4
图书批发	358206.5	191389.4	230373.0
报刊批发	2561.4	903.5	1526.1

1-A-3 续表 1 单位：万元

分组	资产总计	负债合计	营业收入
音像制品、电子和数字出版物批发	4343.4	1879.5	3914.3
首饰、工艺品及收藏品批发	126732.1	60836.6	236297.5
乐器批发	2160.2	2036.0	929.3
其他文化用品批发	19216.6	8885.4	20599.1
医药及医疗器材批发	3778670.6	2900705.8	4721242.5
西药批发	2416478.1	1963839.1	3067668.6
中药批发	421941.1	311421.6	697754.5
动物用药品批发	19860.2	21261.0	18049.4
医疗用品及器材批发	920391.2	604184.1	937769.9
矿产品、建材及化工产品批发	92484331.7	72409415.7	104332102.0
煤炭及制品批发	74330694.7	60118879.9	61564585.4
石油及制品批发	1637968.3	1423277.9	2886522.5
非金属矿及制品批发	519789.0	369499.9	420486.4
金属及金属矿批发	7597738.5	4916815.3	19480970.5
建材批发	6511991.8	4270566.4	13742634.5
化肥批发	539563.7	365184.0	4452054.8
农药批发	127749.4	12955.8	20493.5
农用薄膜批发	1841.8	1034.3	1268.0
其他化工产品批发	1216994.6	931202.3	1763086.5
机械设备、五金产品及电子产品批发	9779593.3	6407569.0	11061858.2
农业机械批发	269687.6	134696.7	189961.9
汽车及零配件批发	1172209.3	1006610.9	2906460.3
摩托车及零配件批发	57699.3	42530.4	71797.4
五金产品批发	1288222.1	806252.3	1050170.4
电气设备批发	710269.8	439924.3	459547.3
计算机、软件及辅助设备批发	319646.2	164585.0	373102.9
通讯设备批发	127759.7	71141.6	492103.3
广播影视设备批发	1916.9	1297.9	709.9
其他机械设备及电子产品批发	5832182.4	3740530.0	5518004.8
贸易经纪与代理	436734.3	359950.5	183413.3
贸易代理	341103.0	336718.9	167917.7
一般物品拍卖	43072.0	12177.4	3608.1
艺术品、收藏品拍卖	6163.1	1242.6	758.1
艺术品代理	6432.1	2557.5	132.8
其他贸易经纪与代理	39964.2	7254.2	10996.5
其他批发业	1219465.6	673235.4	1220769.2
再生物资回收与批发	398952.1	181534.2	240911.3

1-A-3　续表 2　　　　单位：万元

分　　组	资产总计	负债合计	营业收入
宠物食品用品批发	284.2	94.7	182.4
互联网批发	13804.4	12115.4	45204.2
其他未列明批发业	806424.9	479491.1	934471.3
按登记注册类型分组			
内资企业	117398083.3	88005021.5	131174059.8
国有企业	1816828.6	1018404.5	3542205.8
集体企业	543514.0	495005.6	809015.8
股份合作企业	2604.7	565.5	175.7
联营企业	15134.3	11476.9	824.0
国有联营企业	5133.2	2420.7	136.1
集体联营企业	9361.4	7592.2	165.0
国有与集体联营企业	639.8	1464.0	522.9
其他联营企业			
有限责任公司	61936509.4	48670427.3	70929482.2
国有独资公司	23477659.5	18129287.9	18820657.5
其他有限责任公司	38458849.9	30541139.4	52108824.7
股份有限公司	7745185.8	4787646.2	3693357.8
私营企业	45275609.8	33007514.9	52111003.2
私营独资企业	232277.4	151183.6	254749.9
私营合伙企业	8331.2	4784.8	89421.9
私营有限责任公司	44482466.1	32433820.6	51097112.7
私营股份有限公司	552535.1	417725.9	669718.8
其他企业	62696.7	13980.6	87995.4
港、澳、台商投资企业	516029.8	242033.0	995597.9
与港澳台商合资经营企业	462885.9	227467.4	901124.7
与港澳台商合作经营企业			
港澳台商独资经营企业	53143.9	14565.7	94473.2
港澳台商投资股份有限公司			
其他港澳台投资企业			
外商投资企业	82470.8	36334.1	52552.5
中外合资经营企业	41132.9	22841.9	47269.9
中外合作经营企业	1525.3	2.0	
外资企业	39812.7	13490.2	5282.7
外商投资股份有限公司			
其他外商投资			

1-A-4 限额以上批发业法人企业财务状况

单位：万元

分 组	资产总计	负债合计	营业收入
批发业	**46151561.2**	**34801139.7**	**77217608.1**
按国民经济行业分组			
农、林、牧、渔产品批发	467289.5	261994.9	339273.0
谷物、豆及薯类批发	180367.0	140620.7	202618.1
种子批发	127809.1	55577.9	67406.3
畜牧渔业饲料批发	644.2	593.2	3866.7
棉、麻批发	9847.2	3281.0	16746.3
林业产品批发	142604.2	59807.1	42123.9
牲畜批发	1639.4	819.7	3700.6
渔业产品批发			
其他农牧产品批发	4378.4	1295.3	2811.1
食品、饮料及烟草制品批发	2325268.7	1077079.6	5089886.0
米、面制品及食用油批发	149674.0	110432.7	232826.3
糕点、糖果及糖批发	4129.6	3469.5	13877.7
果品、蔬菜批发	185702.2	163416.3	337606.6
肉、禽、蛋、奶及水产品批发	21690.1	18512.0	89193.2
盐及调味品批发	104590.3	62157.5	94372.9
营养和保健品批发	8830.7	2604.1	7251.2
酒、饮料及茶叶批发	565467.8	377142.3	1048602.9
烟草制品批发	1253753.8	320492.3	3171478.1
其他食品批发	31430.2	18852.9	94677.1
纺织、服装及家庭用品批发	2674665.6	1074276.2	1711221.6
纺织品、针织品及原料批发	424.6	582.1	1214.4
服装批发	2257275.3	667112.5	533827.9
鞋帽批发	16770.8	14824.9	17043.1
化妆品及卫生用品批发	4905.4	1899.8	7221.5
厨具卫具及日用杂品批发	820.3	688.8	4079.6
灯具、装饰物品批发			
家用视听设备批发	7241.2	6508.6	24314.3
日用家电批发	386157.5	382088.9	1111154.8
其他家庭用品批发	1070.5	570.6	12366.0
文化、体育用品及器材批发	528376.8	315144.9	617134.8
文具用品批发	105281.7	87482.8	193176.2
体育用品及器材批发	31223.4	26640.9	41601.3
图书批发	299344.7	161672.5	175095.5
报刊批发			
音像制品、电子和数字出版物批发			
首饰、工艺品及收藏品批发	91726.7	38575.4	206759.8

1-A-4　续表 1

单位：万元

分　组	资产总计	负债合计	营业收入
乐器批发	800.3	773.3	502.0
其他文化用品批发			
医药及医疗器材批发	2597004.1	2080668.8	3619812.8
西药批发	2087670.3	1691856.8	2785985.6
中药批发	295612.3	238472.8	561449.3
动物用药品批发			
医疗用品及器材批发	213721.5	150339.2	272377.9
矿产品、建材及化工产品批发	35152963.9	28519070.1	60636486.2
煤炭及制品批发	30076974.5	24653432.1	32215670.3
石油及制品批发	568419.0	580077.5	1633625.0
非金属矿及制品批发	181534.8	154825.7	78900.9
金属及金属矿批发	2809224.7	1970095.3	12740704.5
建材批发	1093406.6	831562.2	9419503.4
化肥批发	283878.0	227215.9	4194944.8
农药批发			
农用薄膜批发			
其他化工产品批发	139526.3	101861.4	353137.3
机械设备、五金产品及电子产品批发	2338611.5	1437270.7	4985567.0
农业机械批发	18354.0	13598.4	20652.5
汽车及零配件批发	518778.7	465905.5	1964175.3
摩托车及零配件批发			
五金产品批发	35766.1	22192.5	76527.8
电气设备批发	13264.3	7690.7	17841.2
计算机、软件及辅助设备批发	26725.5	12744.2	60852.0
通讯设备批发	13709.1	10955.7	83763.1
广播影视设备批发			
其他机械设备及电子产品批发	1712013.8	904183.7	2761755.1
贸易经纪与代理	741.5	371.1	7057.3
贸易代理	741.5	371.1	7057.3
一般物品拍卖			
艺术品、收藏品拍卖			
艺术品代理			
其他贸易经纪与代理			
其他批发业	66639.6	35263.4	211169.4
再生物资回收与批发	11529.1	7331.2	17613.8
宠物食品用品批发			
互联网批发			
其他未列明批发业	55110.5	27932.2	193555.6

1-A-4 续表 2

单位：万元

分 组	资产总计	负债合计	营业收入
按登记注册类型分组			
内资企业	45768993.3	34629554.5	76552156.7
国有企业	1408040.5	499008.8	3434437.8
集体企业	277387.7	186193.2	688617.2
股份合作企业			
联营企业			
国有联营企业			
集体联营企业			
国有与集体联营企业			
其他联营企业			
有限责任公司	27315522.5	21931621.5	52785571.0
国有独资公司	12195919.9	9987520.5	15087996.4
其他有限责任公司	15119602.6	11944101.0	37697574.6
股份有限公司	7245123.1	4406019.9	3168167.0
私营企业	9519887.5	7606032.3	16455199.1
私营独资企业	12600.7	10610.9	13778.3
私营合伙企业	3437.8	893.0	87244.1
私营有限责任公司	9409835.8	7528254.6	16140118.0
私营股份有限公司	94013.2	66273.8	214058.7
其他企业	3032.0	678.8	20164.6
港、澳、台商投资企业	350322.7	160665.5	629768.3
与港澳台商合资经营企业	300737.0	148444.8	540341.5
与港澳台商合作经营企业			
港澳台商独资经营企业	49585.7	12220.7	89426.8
港澳台商投资股份有限公司			
其他港澳台投资企业			
外商投资企业	32245.2	10919.7	35683.1
中外合资经营企业	32245.2	10919.7	35683.1
中外合作经营企业			
外资企业			
外商投资股份有限公司			
其他外商投资			
按单位规模分组			
大型	21793836.1	15613242.5	21085125.4
中型	19057839.5	15627367.4	35236699.2
小型	2891926.0	2221039.0	8881943.8
微型	2407959.6	1339490.8	12013839.7

1-A-5　零售业法人企业基本情况

分　组	法　人 单位数 (个)	从业人员 期末人数 (人)	年末零售 营业面积 (万平方米)
零售业	**72915**	**372303**	**2026.2**
按国民经济行业分组			
综合零售	8045	70512	444.6
百货零售	5902	35581	271.5
超级市场零售	355	26631	142.3
便利店零售	97	1333	1.5
其他综合零售	1691	6967	29.3
食品、饮料及烟草制品专门零售	7835	30555	164.8
粮油零售	632	2657	37.8
糕点、面包零售	194	1220	2.2
果品、蔬菜零售	825	5072	30.8
肉、禽、蛋、奶及水产品零售	466	2522	16.1
营养和保健品零售	379	1248	2.6
酒、饮料及茶叶零售	1690	4626	14.6
烟草制品零售	458	1855	6.5
其他食品零售	3191	11355	54.3
纺织、服装及日用品专门零售	6081	29849	166.7
纺织品及针织品零售	449	2027	7.4
服装零售	1743	16503	126.6
鞋帽零售	81	800	1.4
化妆品及卫生用品零售	739	2050	4.6
厨具卫具及日用杂品零售	512	1421	5.8
钟表、眼镜零售	734	2398	5.5
箱包零售	67	112	0.3
自行车等代步设备零售	129	309	1.8
其他日用品零售	1627	4229	13.3
文化、体育用品及器材专门零售	4443	15555	46.2
文具用品零售	1953	4701	12.7
体育用品及器材零售	511	1363	5.0
图书、报刊零售	279	3465	8.7
音像制品、电子和数字出版物零售	25	125	0.1
珠宝首饰零售	495	2708	6.0
工艺美术品及收藏品零售	603	1768	8.6
乐器零售	144	440	1.8
照相器材零售	52	112	0.8
其他文化用品零售	381	873	2.5

1-A-5 续表 1

分　组	法　人 单位数 (个)	从业人员 期末人数 (人)	年末零售 营业面积 (万平方米)
医药及医疗器材专门零售	6025	41121	81.2
西药零售	3932	32814	58.1
中药零售	652	3626	11.3
动物用药品零售	101	439	0.7
医疗用品及器材零售	1275	4122	10.3
保健辅助治疗器材零售	65	120	0.7
汽车、摩托车、零配件和燃料及其他动力销售	9741	79298	628.1
汽车新车零售	4138	43003	278.3
汽车旧车零售	767	2481	16.9
汽车零配件零售	2242	7459	38.9
摩托车及零配件零售	350	1032	5.4
机动车燃油零售	2062	22722	269.5
机动车燃气零售	147	2508	18.1
机动车充电销售	35	93	0.9
家用电器及电子产品专门零售	9355	32728	118.1
家用视听设备零售	135	537	2.1
日用家电零售	1893	10179	71.4
计算机、软件及辅助设备零售	3338	9495	18.3
通信设备零售	1277	4413	7.9
其他电子产品零售	2712	8104	18.3
五金、家具及室内装饰材料专门零售	14662	43745	255.0
五金零售	7997	22579	62.8
灯具零售	287	912	3.4
家具零售	1131	5245	92.8
涂料零售	189	569	3.3
卫生洁具零售	201	560	2.0
木质装饰材料零售	312	1011	9.4
陶瓷、石材装饰材料零售	509	1723	10.6
其他室内装饰材料零售	4036	11146	70.6
货摊、无店铺及其他零售业	6728	28940	121.4
流动货摊零售	88	131	0.8
互联网零售	1196	3463	10.6
邮购及电视、电话零售	39	85	0.4
自动售货机零售	25	52	0.1
旧货零售	93	240	0.6

1-A-5　续表 2

分　　组	法　人 单位数 (个)	从业人员 期末人数 (人)	年末零售 营业面积 (万平方米)
生活用燃料零售	744	9045	56.3
宠物食品用品零售	59	77	0.2
其他未列明零售业	4484	15847	52.3
按登记注册类型分组			
内资企业	72871	368987	2014.6
国有企业	347	5781	35.7
集体企业	864	11317	44.4
股份合作企业	17	125	1.4
联营企业	28	253	0.7
国有联营企业	1	22	
集体联营企业	23	223	0.7
国有与集体联营企业	1	2	
其他联营企业	3	6	
有限责任公司	5544	62428	277.6
国有独资公司	64	5429	8.8
其他有限责任公司	5480	56999	268.8
股份有限公司	473	11225	76.4
私营企业	65066	276417	1560.8
私营独资企业	5843	21001	200.1
私营合伙企业	127	787	11.1
私营有限责任公司	58350	242917	1248.6
私营股份有限公司	746	11712	101.1
其他企业	532	1441	17.6
港、澳、台商投资企业	14	2141	5.6
与港澳台商合资经营企业	8	1100	1.8
与港澳台商合作经营企业			
港澳台商独资经营企业	6	1041	3.8
港澳台商投资股份有限公司			
其他港澳台投资企业			
外商投资企业	30	1175	6.1
中外合资经营企业	10	237	2.1
中外合作经营企业			
外资企业	19	938	4.0
外商投资股份有限公司	1		
其他外商投资			

1-A-6 限额以上零售业法人企业基本情况

分　组	法　人单位数（个）	从业人员期末人数（人）	年末零售营业面积（万平方米）
零售业	**1996**	**141734**	**847.8**
按国民经济行业分组			
综合零售	360	42851	285.0
百货零售	181	16169	155.2
超级市场零售	153	24840	123.4
便利店零售	4	885	0.9
其他综合零售	22	957	5.5
食品、饮料及烟草制品专门零售	146	7587	36.3
粮油零售	24	712	1.7
糕点、面包零售	3	404	0.3
果品、蔬菜零售	34	2392	16.0
肉、禽、蛋、奶及水产品零售	7	932	1.6
营养和保健品零售	1	24	
酒、饮料及茶叶零售	34	535	1.0
烟草制品零售	13	614	2.8
其他食品零售	30	1974	13.0
纺织、服装及日用品专门零售	110	12086	88.1
纺织品及针织品零售	5	573	1.8
服装零售	92	10368	85.3
鞋帽零售	3	424	0.6
化妆品及卫生用品零售	5	515	0.3
厨具卫具及日用杂品零售	1	15	
钟表、眼镜零售	3	181	0.1
箱包零售			
自行车等代步设备零售			
其他日用品零售	1	10	
文化、体育用品及器材专门零售	59	3620	8.4
文具用品零售	4	155	1.0
体育用品及器材零售	1	4	
图书、报刊零售	33	2364	5.0
音像制品、电子和数字出版物零售			
珠宝首饰零售	14	962	2.1
工艺美术品及收藏品零售	2	61	0.1
乐器零售	3	64	0.3
照相器材零售	2	10	
其他文化用品零售			
医药及医疗器材专门零售	114	17005	21.9

1-A-6　续表 1

分　组	法　人 单位数 (个)	从业人员 期末人数 (人)	年末零售 营业面积 (万平方米)
西药零售	103	16384	20.9
中药零售	8	535	0.9
动物用药品零售	1	50	0.1
医疗用品及器材零售	2	36	
保健辅助治疗器材零售			
汽车、摩托车、零配件和燃料及其他动力销售	860	43894	273.5
汽车新车零售	586	27849	151.5
汽车旧车零售	4	40	0.4
汽车零配件零售	12	282	0.8
摩托车及零配件零售	5	53	0.1
机动车燃油零售	222	13899	112.8
机动车燃气零售	30	1762	7.7
机动车充电销售	1	9	
家用电器及电子产品专门零售	187	5758	53.0
家用视听设备零售	6	146	1.1
日用家电零售	111	4283	49.3
计算机、软件及辅助设备零售	39	756	1.7
通信设备零售	26	521	0.8
其他电子产品零售	5	52	0.1
五金、家具及室内装饰材料专门零售	74	1946	51.6
五金零售	28	359	0.9
灯具零售	1	48	0.1
家具零售	29	1266	44.9
涂料零售	2	21	0.1
卫生洁具零售			
木质装饰材料零售	1	50	3.2
陶瓷、石材装饰材料零售	5	119	1.8
其他室内装饰材料零售	8	83	0.7
货摊、无店铺及其他零售业	86	6987	29.9
流动货摊零售			
互联网零售	27	859	1.2
邮购及电视、电话零售			
自动售货机零售			
旧货零售			
生活用燃料零售	36	5422	25.4
宠物食品用品零售			
其他未列明零售业	23	706	3.4

1-A-6 续表 2

分　组	法　人 单位数 (个)	从业人员 期末人数 (人)	年末零售 营业面积 (万平方米)
按登记注册类型分组			
内资企业	1984	138936	839.1
国有企业	40	1667	9.3
集体企业	68	2311	13.3
股份合作企业	1	36	
联营企业	1	20	
国有联营企业			
集体联营企业	1	20	
国有与集体联营企业			
其他联营企业			
有限责任公司	342	40305	183.9
国有独资公司	28	5003	7.0
其他有限责任公司	314	35302	176.9
股份有限公司	44	9032	63.0
私营企业	1484	85505	569.2
私营独资企业	139	3614	33.6
私营合伙企业	13	313	2.4
私营有限责任公司	1302	72289	446.1
私营股份有限公司	30	9289	87.1
其他企业	4	60	0.2
港、澳、台商投资企业	7	2045	5.2
与港澳台商合资经营企业	3	1075	1.8
与港澳台商合作经营企业			
港澳台商独资经营企业	4	970	3.5
港澳台商投资股份有限公司			
其他港澳台投资企业			
外商投资企业	5	753	3.5
中外合资经营企业	2	176	1.9
中外合作经营企业			
外资企业	3	577	1.6
外商投资股份有限公司			
其他外商投资			
按单位规模分组			
大型	52	46257	232.9
中型	597	68867	352.7
小型	963	24174	220.4
微型	384	2436	41.8

1-A-7　零售业法人企业财务状况

单位：万元

分　组	资产总计	负债合计	营业收入
零售业	**29321105.1**	**17440389.2**	**26818937.7**
按国民经济行业分组			
综合零售	4006694.6	3182426.7	3502146.2
百货零售	2512150.4	1871828.4	1808809.0
超级市场零售	1242196.0	1157842.0	1436906.9
便利店零售	19149.8	15912.0	24707.4
其他综合零售	233198.4	136844.5	231722.9
食品、饮料及烟草制品专门零售	1565083.1	948795.6	1369730.8
粮油零售	178004.4	110204.6	120788.1
糕点、面包零售	62397.7	65513.1	16804.2
果品、蔬菜零售	297778.1	127193.4	242468.4
肉、禽、蛋、奶及水产品零售	128710.1	77734.8	99164.3
营养和保健品零售	23321.7	13789.4	15454.5
酒、饮料及茶叶零售	263315.6	160489.2	205679.6
烟草制品零售	80841.6	32823.6	97257.5
其他食品零售	530713.9	361047.5	572114.2
纺织、服装及日用品专门零售	1403314.7	1016418.8	1354417.0
纺织品及针织品零售	99634.3	66422.3	129633.0
服装零售	828113.4	656784.7	954812.6
鞋帽零售	26131.8	9231.2	15832.3
化妆品及卫生用品零售	48931.5	28589.0	57029.2
厨具卫具及日用杂品零售	58265.3	32893.8	35891.1
钟表、眼镜零售	85065.1	48085.9	45662.2
箱包零售	48337.9	40897.5	1602.2
自行车等代步设备零售	21757.5	15535.6	10924.5
其他日用品零售	187078.0	117978.8	103030.1
文化、体育用品及器材专门零售	986148.7	525778.9	574939.6
文具用品零售	216937.3	95545.9	133006.3
体育用品及器材零售	58372.1	36481.5	24860.2
图书、报刊零售	336890.7	208507.3	209596.1
音像制品、电子和数字出版物零售	3552.6	2241.5	2437.4
珠宝首饰零售	230962.0	115292.2	137247.9
工艺美术品及收藏品零售	91142.9	47776.6	35770.0
乐器零售	14198.9	3699.8	10930.8
照相器材零售	6210.7	2864.1	4579.1
其他文化用品零售	27881.6	13370.1	16511.9

1-A-7 续表 1

单位：万元

分 组	资产总计	负债合计	营业收入
医药及医疗器材专门零售	883381.0	618263.8	1161019.3
西药零售	605492.7	455123.4	917157.6
中药零售	71068.6	30894.9	74181.7
动物用药品零售	10317.0	3520.4	11885.8
医疗用品及器材零售	191455.2	113752.2	155123.0
保健辅助治疗器材零售	5047.5	14972.9	2671.3
汽车、摩托车、零配件和燃料及其他动力销售	7720256.2	5588995.2	12862145.6
汽车新车零售	4224548.4	3368696.7	7529613.6
汽车旧车零售	62173.1	24428.9	48306.1
汽车零配件零售	603688.3	376054.9	425664.0
摩托车及零配件零售	61910.9	38977.2	68044.6
机动车燃油零售	2229544.6	1428109.5	4451364.8
机动车燃气零售	519204.8	338685.2	335249.4
机动车充电销售	19186.2	14042.9	3903.1
家用电器及电子产品专门零售	1985231.6	1122932.0	1758709.1
家用视听设备零售	32196.8	26644.2	29903.5
日用家电零售	759463.7	484849.4	804267.2
计算机、软件及辅助设备零售	446330.9	215035.9	368702.5
通信设备零售	199569.8	113184.5	223036.8
其他电子产品零售	547670.4	283218.1	332799.0
五金、家具及室内装饰材料专门零售	3614791.5	2141933.2	2377218.1
五金零售	1872285.3	1117123.4	1292115.4
灯具零售	39002.5	19494.7	22553.5
家具零售	409175.9	162756.7	312118.5
涂料零售	50331.3	40789.9	22951.7
卫生洁具零售	23581.2	10063.3	13047.1
木质装饰材料零售	124112.8	130467.5	33912.8
陶瓷、石材装饰材料零售	161813.7	197933.0	137290.7
其他室内装饰材料零售	934488.9	463304.7	543228.4
货摊、无店铺及其他零售业	7156203.9	2294845.0	1858612.1
流动货摊零售	1078.2	383.8	733.2
互联网零售	98852.8	44045.9	121347.7
邮购及电视、电话零售	2706.1	1576.2	3351.9
自动售货机零售	27241.1	26008.6	7849.6
旧货零售	12436.7	6392.2	6104.3

1-A-7　续表 2

单位：万元

分　组	资产总计	负债合计	营业收入
生活用燃料零售	1231679.6	1037269.6	826306.7
宠物食品用品零售	1446.7	269.1	271.9
其他未列明零售业	5780762.7	1178899.5	892646.9
按登记注册类型分组			
内资企业	29003511.8	17232762.5	26404238.9
国有企业	371721.1	366587.6	435784.1
集体企业	244933.1	225880.4	336184.6
股份合作企业	2885.9	2299.1	9968.2
联营企业	3436.6	2683.8	2751.7
国有联营企业	224.6	160.9	25.4
集体联营企业	3053.5	2482.9	2704.4
国有与集体联营企业	3.5		5.4
其他联营企业	155.0	40.0	16.5
有限责任公司	9243575.2	4247321.2	5410123.6
国有独资公司	547038.6	596891.7	310157.0
其他有限责任公司	8696536.6	3650429.5	5099966.7
股份有限公司	1440385.8	1049912.8	3168763.7
私营企业	17658922.2	11330037.8	17008676.0
私营独资企业	492288.5	245082.7	633316.9
私营合伙企业	26741.5	13693.6	32202.9
私营有限责任公司	16603733.4	10718432.9	15286113.0
私营股份有限公司	536158.8	352828.6	1057043.3
其他企业	37652.0	8039.9	31986.9
港、澳、台商投资企业	240215.5	157846.5	323564.9
与港澳台商合资经营企业	178154.2	117608.6	172500.4
与港澳台商合作经营企业			
港澳台商独资经营企业	62061.3	40237.9	151064.6
港澳台商投资股份有限公司			
其他港澳台投资企业			
外商投资企业	77377.8	49780.3	91133.9
中外合资经营企业	14814.5	20926.2	16271.5
中外合作经营企业			
外资企业	62563.2	28854.1	74862.4
外商投资股份有限公司			
其他外商投资			

1-A-8 限额以上零售业法人企业财务状况

单位：万元

分　组	资产总计	负债合计	营业收入
零售业	**10979852.4**	**8832390.9**	**17701138.3**
按国民经济行业分组			
综合零售	2563700.8	2244122.1	2844103.3
百货零售	1394543.3	1169882.5	1330024.2
超级市场零售	1119595.8	1031125.8	1384126.8
便利店零售	8256.2	9792.1	13211.8
其他综合零售	41305.5	33321.7	116740.5
食品、饮料及烟草制品专门零售	534011.9	336823.0	781906.0
粮油零售	77978.6	53083.5	51226.6
糕点、面包零售	38384.3	54377.9	11642.7
果品、蔬菜零售	165566.6	60230.2	195578.9
肉、禽、蛋、奶及水产品零售	18038.9	15443.3	57162.2
营养和保健品零售	576.2	330.0	871.5
酒、饮料及茶叶零售	74141.8	51496.1	96475.7
烟草制品零售	16567.1	3087.3	52107.1
其他食品零售	142758.4	98774.7	316841.3
纺织、服装及日用品专门零售	598513.0	484220.6	950097.3
纺织品及针织品零售	39213.1	22350.3	72401.3
服装零售	516068.6	446250.1	804344.1
鞋帽零售	16733.0	4732.5	11162.4
化妆品及卫生用品零售	12435.9	8295.9	34447.4
厨具卫具及日用杂品零售	219.0	197.8	3593.6
钟表、眼镜零售	13192.9	2289.8	23380.8
箱包零售			
自行车等代步设备零售			
其他日用品零售	650.5	104.2	767.7
文化、体育用品及器材专门零售	350331.1	163678.9	305330.9
文具用品零售	5035.4	1841.7	7119.4
体育用品及器材零售	265.6	65.5	245.4
图书、报刊零售	207421.4	97811.6	179184.2
音像制品、电子和数字出版物零售			
珠宝首饰零售	127110.2	61661.0	104877.3
工艺美术品及收藏品零售	5658.5	1324.5	7134.4
乐器零售	3603.4	547.0	5732.0
照相器材零售	1236.6	427.6	1038.2
其他文化用品零售			
医药及医疗器材专门零售	391043.6	301483.6	666960.3

1-A-8 续表 1

单位：万元

分 组	资产总计	负债合计	营业收入
西药零售	376332.8	290087.4	642813.3
中药零售	10702.4	8313.0	18639.5
动物用药品零售	382.6	365.1	861.5
医疗用品及器材零售	3625.8	2718.1	4646.0
保健辅助治疗器材零售			
汽车、摩托车、零配件和燃料及其他动力销售	4863583.6	3922279.4	10245406.1
汽车新车零售	2778915.5	2377878.9	5866390.3
汽车旧车零售	6844.6	5587.2	10688.5
汽车零配件零售	10988.5	7954.4	23118.6
摩托车及零配件零售	1657.7	1496.1	2990.3
机动车燃油零售	1665049.7	1228507.6	4072357.9
机动车燃气零售	388697.1	288820.1	266980.0
机动车充电销售	11430.5	12035.1	2880.5
家用电器及电子产品专门零售	329857.6	254097.8	751457.6
家用视听设备零售	3720.1	1616.4	19861.7
日用家电零售	239696.6	200924.1	550630.7
计算机、软件及辅助设备零售	47506.1	22132.4	92333.6
通信设备零售	29608.8	24633.9	80708.8
其他电子产品零售	9326.0	4791.0	7922.8
五金、家具及室内装饰材料专门零售	350766.8	227869.1	543348.5
五金零售	79329.2	66538.3	198702.4
灯具零售	1434.9	883.8	3265.5
家具零售	177598.6	81236.5	243614.9
涂料零售	1212.3	1043.2	2165.6
卫生洁具零售			
木质装饰材料零售	48559.5	41318.9	1806.4
陶瓷、石材装饰材料零售	34580.2	32523.6	73265.1
其他室内装饰材料零售	8052.1	4324.8	20528.6
货摊、无店铺及其他零售业	998044.0	897816.4	612528.3
流动货摊零售			
互联网零售	30784.9	23385.5	91067.5
邮购及电视、电话零售			
自动售货机零售			
旧货零售			
生活用燃料零售	867274.0	790523.0	484655.9
宠物食品用品零售			
其他未列明零售业	99985.1	83907.9	36804.9

1-A-8 续表 2

单位：万元

分　　组	资产总计	负债合计	营业收入
按登记注册类型分组			
内资企业	10725222.3	8642595.4	17321671.2
国有企业	177877.0	139074.6	406795.8
集体企业	72371.9	40986.6	231166.3
股份合作企业	1435.9	1048.9	9520.6
联营企业	341.6	263.4	532.0
国有联营企业			
集体联营企业	341.6	263.4	532.0
国有与集体联营企业			
其他联营企业			
有限责任公司	3025412.5	2600873.4	4187356.2
国有独资公司	522173.9	563674.7	295972.8
其他有限责任公司	2503238.6	2037198.7	3891383.4
股份有限公司	1213414.1	906476.7	3076293.6
私营企业	6227296.7	4952259.1	9402438.7
私营独资企业	107789.7	76940.8	224305.5
私营合伙企业	10258.4	6526.7	12316.1
私营有限责任公司	5723042.1	4580081.2	8213391.2
私营股份有限公司	386206.5	288710.4	952425.9
其他企业	7072.6	1612.7	7568.0
港、澳、台商投资企业	230777.1	151953.4	312108.7
与港澳台商合资经营企业	174978.2	115129.7	171687.8
与港澳台商合作经营企业			
港澳台商独资经营企业	55798.9	36823.7	140420.9
港澳台商投资股份有限公司			
其他港澳台投资企业			
外商投资企业	23853.0	37842.1	67358.4
中外合资经营企业	7764.5	19482.8	13493.6
中外合作经营企业			
外资企业	16088.5	18359.3	53864.8
外商投资股份有限公司			
其他外商投资			
按单位规模分组			
大型	3665286.6	3221129.9	6218963.3
中型	4933317.3	3889213.7	7653267.2
小型	1988118.2	1430826.8	3153605.7
微型	393130.3	291220.5	675302.1

B. 地区部分

1-B-1　分地区批发业法人企业基本情况

地　区	法人单位数(个)	从业人员期末人数(人)
全　省	**68125**	**357894**
太原市	22989	115546
大同市	3290	19720
阳泉市	1599	9826
长治市	7277	35183
晋城市	4070	31339
朔州市	2010	13042
晋中市	5217	26604
运城市	8021	31721
忻州市	2750	18594
临汾市	6907	34438
吕梁市	3995	21881

1-B-2　分地区批发业法人企业基本情况(按国民经济行业分)

(农、林、牧、渔产品批发)

地　区	法人单位数(个)	从业人员期末人数(人)
全　省	**2471**	**12000**
太原市	332	3212
大同市	160	666
阳泉市	24	137
长治市	216	1104
晋城市	124	554
朔州市	163	591
晋中市	336	1392
运城市	272	974
忻州市	371	1421
临汾市	311	1297
吕梁市	162	652

1-B-2 续表 1

(食品、饮料及烟草制品批发)

地 区	法人单位数 (个)	从业人员期末人数 (人)
全 省	**5910**	**37305**
太原市	1921	11207
大同市	272	2203
阳泉市	83	876
长治市	670	3247
晋城市	172	1746
朔州市	145	1031
晋中市	475	3188
运城市	936	4812
忻州市	237	1985
临汾市	560	2712
吕梁市	439	4298

1-B-2 续表 2

(纺织服装及家庭用品批发)

地 区	法人单位数 (个)	从业人员期末人数 (人)
全 省	**4111**	**18554**
太原市	1989	11733
大同市	128	573
阳泉市	50	223
长治市	283	917
晋城市	87	275
朔州市	50	85
晋中市	158	442
运城市	830	2314
忻州市	56	344
临汾市	380	1346
吕梁市	100	302

1-B-2　续表 3

(文化、体育用品及器材批发)

地　区	法人单位数 (个)	从业人员期末人数 (人)
全　省	**1683**	**5844**
太原市	875	3381
大同市	60	170
阳泉市	26	65
长治市	118	385
晋城市	37	68
朔州市	41	80
晋中市	59	336
运城市	219	605
忻州市	34	66
临汾市	155	511
吕梁市	59	177

1-B-2　续表 4

(医药及医疗器材批发)

地　区	法人单位数 (个)	从业人员期末人数 (人)
全　省	**2166**	**26004**
太原市	1041	13808
大同市	81	822
阳泉市	42	417
长治市	159	1453
晋城市	69	845
朔州市	28	140
晋中市	120	1441
运城市	262	3230
忻州市	43	1149
临汾市	256	2270
吕梁市	65	429

1-B-2 续表 5

(矿产品、建材及化工产品批发)

地 区	法人单位数（个）	从业人员期末人数（人）
全 省	**28139**	**166732**
太原市	6900	36824
大同市	1580	10829
阳泉市	830	6031
长治市	3222	16574
晋城市	1957	21273
朔州市	916	9126
晋中市	2628	13781
运城市	3173	11976
忻州市	1495	11255
临汾市	3166	17018
吕梁市	2272	12045

1-B-2 续表 6

(机械设备、五金产品及电子产品批发)

地 区	法人单位数（个）	从业人员期末人数（人）
全 省	**18837**	**74998**
太原市	8136	29616
大同市	799	3324
阳泉市	423	1603
长治市	2312	9865
晋城市	1308	5182
朔州市	524	1626
晋中市	955	4724
运城市	1723	6062
忻州市	384	1830
临汾市	1662	8098
吕梁市	611	3068

1-B-2 续表 7

(贸易经纪与代理)

地 区	法人单位数(个)	从业人员期末人数(人)
全 省	**957**	**2779**
太原市	423	1290
大同市	31	286
阳泉市	30	65
长治市	54	154
晋城市	21	61
朔州市	12	36
晋中市	177	276
运城市	100	265
忻州市	22	69
临汾市	39	81
吕梁市	48	196

1-B-2 续表 8

(其他批发业)

地 区	法人单位数(个)	从业人员期末人数(人)
全 省	**3851**	**13678**
太原市	1372	4475
大同市	179	847
阳泉市	91	409
长治市	243	1484
晋城市	295	1335
朔州市	131	327
晋中市	309	1024
运城市	506	1483
忻州市	108	475
临汾市	378	1105
吕梁市	239	714

1-B-3 分地区批发业法人企业基本情况(按登记注册类型分)

(内资企业)

地 区	法人单位数 (个)	从业人员期末人数 (人)
全 省	**68072**	**355641**
太原市	22960	113377
大同市	3287	19716
阳泉市	1599	9826
长治市	7275	35179
晋城市	4068	31326
朔州市	2010	13042
晋中市	5213	26594
运城市	8016	31712
忻州市	2750	18594
临汾市	6905	34427
吕梁市	3989	21848

1-B-3 续表 1

(国有企业)

地 区	法人单位数 (个)	从业人员期末人数 (人)
全 省	**444**	**14053**
太原市	112	2707
大同市	56	1730
阳泉市	11	298
长治市	66	1762
晋城市	23	569
朔州市	11	570
晋中市	24	959
运城市	30	1455
忻州市	52	1669
临汾市	25	1052
吕梁市	34	1282

1-B-3　续表 2

(集体企业)

地　区	法人单位数(个)	从业人员期末人数(人)
全　省	**519**	**7895**
太原市	91	1357
大同市	41	837
阳泉市	23	251
长治市	49	587
晋城市	34	544
朔州市	15	1895
晋中市	39	425
运城市	72	693
忻州市	62	719
临汾市	50	367
吕梁市	43	220

1-B-3　续表 3

(股份合作企业)

地　区	法人单位数(个)	从业人员期末人数(人)
全　省	**3**	**17**
太原市	1	4
大同市		
阳泉市		
长治市		
晋城市	1	6
朔州市		
晋中市		
运城市		
忻州市	1	7
临汾市		
吕梁市		

1-B-3 续表 4

(联营企业)

地 区	法人单位数 (个)	从业人员期末人数 (人)
全 省	**15**	**193**
太原市	1	3
大同市		
阳泉市		
长治市	4	49
晋城市	2	15
朔州市	1	
晋中市		
运城市	2	2
忻州市	3	117
临汾市	2	7
吕梁市		

1-B-3 续表 5

(有限责任公司)

地 区	法人单位数 (个)	从业人员期末人数 (人)
全 省	**6217**	**91172**
太原市	2427	30961
大同市	354	4689
阳泉市	295	4416
长治市	1043	8501
晋城市	180	12495
朔州市	43	2156
晋中市	561	6915
运城市	643	5673
忻州市	146	4972
临汾市	442	6770
吕梁市	83	3624

1-B-3　续表 6

(股份有限公司)

地　区	法人单位数 (个)	从业人员期末人数 (人)
全　省	**412**	**5959**
太原市	162	3477
大同市	25	499
阳泉市	25	153
长治市	46	290
晋城市	11	51
朔州市	1	24
晋中市	50	800
运城市	50	299
忻州市	20	121
临汾市	19	225
吕梁市	3	20

1-B-3　续表 7

(私营企业)

地　区	法人单位数 (个)	从业人员期末人数 (人)
全　省	**59430**	**233755**
太原市	20085	74768
大同市	2746	11770
阳泉市	1236	4666
长治市	6017	23859
晋城市	3791	17580
朔州市	1883	8281
晋中市	4302	16886
运城市	7209	23552
忻州市	2210	10313
临汾市	6199	25522
吕梁市	3752	16558

1-B-3 续表 8

(其他企业)

地 区	法人单位数(个)	从业人员期末人数(人)
全 省	**1032**	**2597**
太原市	81	100
大同市	65	191
阳泉市	9	42
长治市	50	131
晋城市	26	66
朔州市	56	116
晋中市	237	609
运城市	10	38
忻州市	256	676
临汾市	168	484
吕梁市	74	144

1-B-3 续表 9

(港、澳、台商投资企业)

地 区	法人单位数(个)	从业人员期末人数(人)
全 省	**19**	**1825**
太原市	12	1794
大同市		
阳泉市		
长治市	1	1
晋城市		
朔州市		
晋中市	1	
运城市	1	1
忻州市		
临汾市	1	2
吕梁市	3	27

1-B-3　续表 10

(外商投资企业)

地　区	法人单位数 (个)	从业人员期末人数 (人)
全　省	**34**	**428**
太原市	17	375
大同市	3	4
阳泉市		
长治市	1	3
晋城市	2	13
朔州市		
晋中市	3	10
运城市	4	8
忻州市		
临汾市	1	9
吕梁市	3	6

1-B-4　分地区批发业法人企业财务状况

单位：万元

地　区	资产总计	负债合计	营业收入
全　省	**117996583.9**	**88283388.6**	**132222210.2**
太原市	45131999.9	33168829.3	48934162.5
大同市	5186649.2	4271872.6	10628947.3
阳泉市	3215194.1	2331123.8	9520743.9
长治市	8547574.5	5364157.5	12207634.2
晋城市	8932662.3	6941534.7	6162198.2
朔州市	5272006.3	3805012.4	4823864.0
晋中市	13550213.5	11393376.2	8919521.6
运城市	3901359.4	2774105.7	5386769.3
忻州市	3707068.9	2799419.9	6621174.1
临汾市	11542834.4	8268505.8	11857551.6
吕梁市	9009021.5	7165450.8	7159643.7

1-B-5 分地区批发业法人企业财务状况(按国民经济行业分)

(农、林、牧、渔产品批发) 单位：万元

地 区	资产总计	负债合计	营业收入
全 省	**1681944.9**	**1178025.6**	**710668.7**
太原市	537778.6	374894.3	170595.3
大同市	37549.8	12568.0	32572.4
阳泉市	5786.7	3085.7	9965.3
长治市	161600.1	104683.1	55644.5
晋城市	20215.5	10748.8	17292.0
朔州市	48013.3	27352.5	82485.6
晋中市	492862.2	457856.9	82217.0
运城市	99432.4	66001.3	96922.5
忻州市	100256.5	43780.8	68028.5
临汾市	76523.5	29444.4	32278.7
吕梁市	101926.3	47609.9	62666.8

1-B-5 续表 1

(食品、饮料及烟草制品批发) 单位：万元

地 区	资产总计	负债合计	营业收入
全 省	**4097138.6**	**2134943.7**	**6712383.5**
太原市	1301030.7	767959.3	1994991.9
大同市	302829.5	95571.0	409806.7
阳泉市	68327.9	29235.8	142112.9
长治市	253657.3	101181.9	394795.0
晋城市	194455.8	120787.4	266860.0
朔州市	94423.7	23266.7	236812.9
晋中市	498162.7	292437.0	567389.2
运城市	309516.8	122238.6	624282.7
忻州市	164875.7	71070.5	348894.7
临汾市	299837.4	162514.1	438619.2
吕梁市	610021.2	348681.4	1287818.4

1-B-5　续表 2

(纺织、服装及家庭用品批发)　　单位：万元

地　区	资产总计	负债合计	营业收入
全　省	**3612063.1**	**1719874.2**	**2395549.0**
太原市	3186523.5	1452885.8	2115254.5
大同市	36591.4	37114.1	28308.8
阳泉市	12665.5	6024.9	2811.4
长治市	71359.1	31852.5	60551.2
晋城市	29595.7	7358.9	22138.1
朔州市	11875.8	2221.9	2356.1
晋中市	21614.0	8445.1	11914.3
运城市	133598.5	95872.3	66193.4
忻州市	11717.7	7639.8	18246.9
临汾市	85028.3	64608.2	63138.8
吕梁市	11493.7	5850.8	4635.4

1-B-5　续表 3

(文化、体育用品及器材批发)　　单位：万元

地　区	资产总计	负债合计	营业收入
全　省	**906641.9**	**499668.8**	**884223.9**
太原市	659690.3	382670.7	759055.6
大同市	6860.3	2506.9	2994.3
阳泉市	1759.8	258.3	846.4
长治市	22831.9	12795.9	10818.3
晋城市	2461.9	774.7	1530.6
朔州市	4195.9	585.9	1742.0
晋中市	53327.9	44234.3	36680.0
运城市	39772.2	22883.5	36370.9
忻州市	5550.7	2870.5	1415.6
临汾市	19983.9	12038.8	16912.0
吕梁市	90207.2	18049.2	15858.3

1-B-5 续表 4

(医药及医疗器材批发) 单位：万元

地 区	资产总计	负债合计	营业收入
全 省	**3778670.6**	**2900705.8**	**4721242.5**
太原市	2745067.5	2037935.5	3387568.4
大同市	63308.6	46114.6	129692.1
阳泉市	31072.8	11842.3	37247.0
长治市	316519.2	287199.6	159400.2
晋城市	79995.6	72962.7	87361.7
朔州市	18467.9	16024.1	9419.4
晋中市	122862.6	102191.0	149811.0
运城市	201634.8	166660.5	433039.2
忻州市	36934.3	35133.6	31890.2
临汾市	143202.0	112810.5	268176.5
吕梁市	19605.3	11831.5	27636.9

1-B-5 续表 5

(矿产品、建材及化工产品批发) 单位：万元

地 区	资产总计	负债合计	营业收入
全 省	**92484331.7**	**72409415.7**	**104332102.0**
太原市	31375288.6	24898753.7	34512831.7
大同市	4356946.0	3815475.2	9739617.9
阳泉市	2771698.7	2051612.9	9133469.6
长治市	6395544.1	4005658.5	10654414.1
晋城市	8001725.9	6319412.4	5238598.2
朔州市	4804380.9	3626471.9	4335673.7
晋中市	11629078.2	9886936.7	6309285.2
运城市	2365470.7	1724386.1	3048770.8
忻州市	3205795.8	2557293.2	5939770.4
临汾市	10026771.9	7318165.5	10260133.0
吕梁市	7551631.1	6205249.6	5159537.5

1-B-5　续表 6

(机械设备、五金产品及电子产品批发)　　单位：万元

地　区	资产总计	负债合计	营业收入
全　省	**9779593.3**	**6407569.0**	**11061858.2**
太原市	4510378.6	2657248.5	5417133.9
大同市	259219.3	177343.2	245602.3
阳泉市	283897.3	198434.5	177146.2
长治市	1237266.5	770228.8	820489.3
晋城市	503124.0	356978.5	398118.4
朔州市	258367.6	102190.5	146228.9
晋中市	651217.1	551864.2	1573645.7
运城市	631662.0	535742.0	879274.8
忻州市	124306.4	73788.7	150092.1
临汾市	769848.7	489349.1	702653.0
吕梁市	550305.9	494401.2	551473.6

1-B-5　续表 7

(贸易经纪与代理)　　单位：万元

地　区	资产总计	负债合计	营业收入
全　省	**436734.3**	**359950.5**	**183413.3**
太原市	257204.5	234884.2	110283.2
大同市	68155.0	51069.9	3576.4
阳泉市	8406.4	6055.9	3045.7
长治市	6959.1	2600.6	1219.6
晋城市	1523.4	702.9	1869.9
朔州市	3626.2	1519.3	1432.8
晋中市	17065.8	9566.1	17064.8
运城市	18753.5	7966.7	25929.6
忻州市	577.8	1059.1	232.8
临汾市	29791.2	30549.7	5245.1
吕梁市	24671.5	13975.9	13513.5

1-B-5 续表 8

(其他批发业) 单位：万元

地 区	资产总计	负债合计	营业收入
全 省	**1219465.6**	**673235.4**	**1220769.2**
太原市	559037.6	361597.3	466448.0
大同市	55189.4	34109.8	36776.4
阳泉市	31578.9	24573.6	14099.5
长治市	81837.4	47956.6	50302.0
晋城市	99564.6	51808.4	128429.4
朔州市	28655.0	5379.5	7712.7
晋中市	64023.0	39844.9	171514.4
运城市	101518.6	32354.8	175985.4
忻州市	57054.0	6783.6	62602.9
临汾市	91847.6	49025.6	70395.2
吕梁市	49159.5	19801.4	36503.4

1-B-6 分地区批发业法人企业财务状况(按登记注册类型分)

(内资企业) 单位：万元

地 区	资产总计	负债合计	营业收入
全 省	**117398083.3**	**88005021.5**	**131174059.8**
太原市	44698948.9	32979080.5	48247756.9
大同市	5184094.7	4267569.9	10628510.9
阳泉市	3215194.1	2331123.8	9520743.9
长治市	8542174.5	5364027.5	12207634.2
晋城市	8924375.2	6933933.9	6161088.2
朔州市	5272006.3	3805012.4	4823864.0
晋中市	13478313.8	11349763.1	8567014.8
运城市	3900876.4	2773299.1	5386731.3
忻州市	3707068.9	2799419.9	6621174.1
临汾市	11533032.3	8243770.9	11854795.3
吕梁市	8941998.3	7158020.7	7154746.5

1-B-6　续表 1

(国有企业)　　　　单位：万元

地　区	资产总计	负债合计	营业收入
全　省	**1816828.6**	**1018404.5**	**3542205.8**
太原市	455246.8	398254.2	611781.9
大同市	196350.4	91351.8	340556.7
阳泉市	6052.3	3958.0	21464.7
长治市	149583.0	50537.3	311906.6
晋城市	83540.5	24942.8	174192.7
朔州市	71728.1	42391.4	194788.5
晋中市	131241.2	43025.9	319504.4
运城市	292463.4	192020.4	635924.8
忻州市	133327.8	70500.4	256504.2
临汾市	177160.1	66136.2	364173.2
吕梁市	120135.1	35286.2	311408.1

1-B-6　续表 2

(集体企业)　　　　单位：万元

地　区	资产总计	负债合计	营业收入
全　省	**543514.0**	**495005.6**	**809015.8**
太原市	194431.2	207545.8	117671.7
大同市	57516.2	57973.4	13245.3
阳泉市	10973.6	6809.7	2332.6
长治市	19480.4	16759.8	10365.5
晋城市	18287.4	16411.0	24026.6
朔州市	170360.1	124063.2	525826.0
晋中市	16861.7	13575.3	14914.0
运城市	19965.5	16541.2	42600.9
忻州市	14829.8	13296.1	45831.9
临汾市	15958.9	15712.7	8147.5
吕梁市	4849.3	6317.3	4053.8

1-B-6 续表 3

(股份合作企业) 单位：万元

地 区	资产总计	负债合计	营业收入
全 省	**2604.7**	**565.5**	**175.7**
太原市	29.2		17.8
大同市			
阳泉市			
长治市			
晋城市			50.6
朔州市			
晋中市			
运城市			
忻州市	2575.5	565.5	107.3
临汾市			
吕梁市			

1-B-6 续表 4

(联营企业) 单位：万元

地 区	资产总计	负债合计	营业收入
全 省	**15134.3**	**11476.9**	**824.0**
太原市	403.1	327.3	82.9
大同市			
阳泉市			
长治市	255.0	342.6	516.8
晋城市	8641.2	7825.7	
朔州市			
晋中市			
运城市	246.5	551.8	
忻州市	5183.2	2420.7	201.1
临汾市	405.3	8.7	23.2
吕梁市			

1-B-6　续表 5

(有限责任公司)　　单位：万元

地　区	资产总计	负债合计	营业收入
全　省	**61936509.4**	**48670427.3**	**70929482.2**
太原市	22686315.3	17346618.8	27614447.2
大同市	3194316.0	2864234.4	8268547.6
阳泉市	2386001.2	1753874.9	8738878.4
长治市	3892882.7	2263882.7	6917211.5
晋城市	6729927.1	5466989.1	2852004.4
朔州市	2810018.0	2015121.4	1434479.3
晋中市	8115640.7	6958413.6	4575979.5
运城市	913348.5	835592.7	1001118.9
忻州市	1603456.1	1442912.9	2109069.5
临汾市	6471783.7	4719084.1	5522889.1
吕梁市	3132820.1	3003702.8	1894856.8

1-B-6　续表 6

(股份有限公司)　　单位：万元

地　区	资产总计	负债合计	营业收入
全　省	**7745185.8**	**4787646.2**	**3693357.8**
太原市	7409450.7	4618706.2	3333802.6
大同市	35353.9	26630.8	21706.4
阳泉市	28319.9	11150.0	22693.0
长治市	43102.4	12256.8	72499.8
晋城市	5131.5	3812.6	1058.0
朔州市	64320.0	9115.3	2584.3
晋中市	75096.9	33013.0	99007.8
运城市	38567.7	27909.8	40400.0
忻州市	18584.9	17222.3	90923.5
临汾市	26378.0	27708.8	6189.8
吕梁市	879.9	120.5	2492.6

1-B-6 续表 7

(私营企业) 单位：万元

地 区	资产总计	负债合计	营业收入
全 省	**45275609.8**	**33007514.9**	**52111003.2**
太原市	13950814.1	10407022.4	16567281.2
大同市	1696282.9	1226766.8	1980790.4
阳泉市	782776.6	555270.0	734303.8
长治市	4435333.7	3019951.1	4893214.9
晋城市	2077840.4	1413826.6	3108673.7
朔州市	2151533.3	1613639.9	2637305.7
晋中市	5124662.5	4298734.7	3539078.5
运城市	2635006.8	1699540.4	3666361.6
忻州市	1915188.8	1249258.6	4103307.1
临汾市	4830459.7	3413611.7	5949288.1
吕梁市	5675711.1	4109892.7	4931398.2

1-B-6 续表 8

(其他企业) 单位：万元

地 区	资产总计	负债合计	营业收入
全 省	**62696.7**	**13980.6**	**87995.4**
太原市	2258.6	605.8	2671.5
大同市	4275.3	612.8	3664.4
阳泉市	1070.6	61.1	1071.3
长治市	1537.3	297.1	1919.1
晋城市	1007.1	126.0	1082.1
朔州市	4046.9	681.2	28880.1
晋中市	14810.9	3000.5	18530.6
运城市	1277.9	1142.9	325.2
忻州市	13922.9	3243.4	15229.6
临汾市	10886.6	1508.7	4084.4
吕梁市	7602.8	2701.2	10537.0

1-B-6　续表 9

(港、澳、台商投资企业)　　单位：万元

地　区	资产总计	负债合计	营业收入
全　省	**516029.8**	**242033.0**	**995597.9**
太原市	365952.2	167807.6	638160.5
大同市			
阳泉市			
长治市	5000.0		
晋城市			
朔州市			
晋中市	70526.6	43408.4	352467.9
运城市	150.0		38.0
忻州市			
临汾市	7385.1	23586.0	142.3
吕梁市	67015.9	7231.1	4789.2

1-B-6　续表 10

(外商投资企业)　　单位：万元

地　区	资产总计	负债合计	营业收入
全　省	**82470.8**	**36334.1**	**52552.5**
太原市	67098.8	21941.2	48245.1
大同市	2554.5	4302.7	436.4
阳泉市			
长治市	400.0	130.0	
晋城市	8287.1	7600.9	1110.0
朔州市			
晋中市	1373.1	204.7	39.0
运城市	333.0	806.6	
忻州市			
临汾市	2417.0	1149.0	2614.0
吕梁市	7.4	199.0	108.0

1-B-7 分地区零售业法人企业基本情况

地 区	法人单位数(个)	从业人员期末人数(人)	年末零售营业面积(万平方米)
全 省	**72915**	**372303**	**2026.2**
太原市	20558	99850	407.1
大同市	6459	37951	193.8
阳泉市	2731	15634	90.4
长治市	6013	29135	166.2
晋城市	6447	40851	172.0
朔州市	3793	19085	179.6
晋中市	6580	29779	188.9
运城市	5881	31879	209.7
忻州市	3152	18296	118.9
临汾市	5822	27773	160.6
吕梁市	5479	22070	138.9

1-B-8 分地区零售业法人企业基本情况(按国民经济行业分)

(综合零售)

地 区	法人单位数(个)	从业人员期末人数(人)	年末零售营业面积(万平方米)
全 省	**8045**	**70512**	**444.6**
太原市	1835	16581	111.2
大同市	668	5695	38.1
阳泉市	220	2269	16.1
长治市	793	7290	50.6
晋城市	770	12574	42.3
朔州市	719	3972	25.8
晋中市	929	7320	58.7
运城市	508	4099	38.5
忻州市	302	3119	16.2
临汾市	718	4530	29.7
吕梁市	583	3063	17.4

1-B-8　续表 1

(食品、饮料及烟草制品专门零售)

地　区	法人单位数 (个)	从业人员期末人数 (人)	年末零售营业面积 (万平方米)
全　省	**7835**	**30555**	**164.8**
太原市	2118	8714	32.4
大同市	605	2355	19.9
阳泉市	269	1296	7.6
长治市	631	1903	7.7
晋城市	587	3365	12.9
朔州市	427	2181	27.8
晋中市	745	2358	16.9
运城市	536	1950	7.2
忻州市	411	2088	10.9
临汾市	540	1891	13.7
吕梁市	966	2454	7.9

1-B-8　续表 2

(纺织、服装及日用品专门零售)

地　区	法人单位数 (个)	从业人员期末人数 (人)	年末零售营业面积 (万平方米)
全　省	**6081**	**29849**	**166.7**
太原市	2522	11077	34.6
大同市	403	1709	5.2
阳泉市	215	1511	13.0
长治市	496	1755	12.9
晋城市	567	2924	9.8
朔州市	168	2661	23.2
晋中市	418	1313	19.3
运城市	495	2524	22.9
忻州市	203	1143	8.2
临汾市	332	2079	9.0
吕梁市	262	1153	8.5

1-B-8 续表 3

(文化、体育用品及器材专门零售)

地 区	法人单位数(个)	从业人员期末人数(人)	年末零售营业面积(万平方米)
全 省	**4443**	**15555**	**46.2**
太原市	1662	4914	13.5
大同市	358	1709	4.7
阳泉市	153	636	3.2
长治市	320	1055	3.2
晋城市	443	1382	3.4
朔州市	210	651	2.9
晋中市	319	1079	3.2
运城市	289	1235	4.3
忻州市	161	629	2.4
临汾市	285	1294	3.3
吕梁市	243	971	2.2

1-B-8 续表 4

(医药及医疗器材专门零售)

地 区	法人单位数(个)	从业人员期末人数(人)	年末零售营业面积(万平方米)
全 省	**6025**	**41121**	**81.2**
太原市	1110	12997	19.3
大同市	635	3429	7.0
阳泉市	262	1659	4.2
长治市	438	3026	6.0
晋城市	290	2580	3.5
朔州市	347	1662	3.6
晋中市	658	3191	7.2
运城市	655	3346	12.0
忻州市	481	2345	3.6
临汾市	690	3829	8.0
吕梁市	459	3057	6.9

1-B-8　续表 5

(汽车、摩托车、零配件和燃料及其他动力销售)

地　区	法人单位数 (个)	从业人员期末人数 (人)	年末零售营业面积 (万平方米)
全　省	**9741**	**79298**	**628.1**
太原市	1559	17175	98.7
大同市	868	7677	69.6
阳泉市	293	3200	30.7
长治市	749	6434	48.6
晋城市	628	5622	43.4
朔州市	505	3408	51.2
晋中市	1158	7069	48.9
运城市	1164	11092	59.8
忻州市	645	4613	49.6
临汾市	1144	7532	63.3
吕梁市	1028	5476	64.2

1-B-8　续表 6

(家用电器及电子产品专门零售)

地　区	法人单位数 (个)	从业人员期末人数 (人)	年末零售营业面积 (万平方米)
全　省	**9355**	**32728**	**118.1**
太原市	3177	10577	45.8
大同市	717	3044	9.5
阳泉市	273	1280	5.5
长治市	844	2864	9.3
晋城市	881	3511	9.7
朔州市	306	995	4.4
晋中市	612	2070	7.1
运城市	829	2676	11.0
忻州市	354	1392	4.2
临汾市	784	2464	6.6
吕梁市	578	1855	5.0

1-B-8 续表 7

(五金、家具及室内装饰材料专门零售)

地 区	法人单位数 (个)	从业人员期末人数 (人)	年末零售营业面积 (万平方米)
全 省	**14662**	**43745**	**255.0**
太原市	4619	11664	39.6
大同市	1499	5334	29.1
阳泉市	768	2390	7.8
长治市	1456	3889	25.1
晋城市	1586	6119	36.0
朔州市	779	2238	13.0
晋中市	1110	2984	19.7
运城市	812	2853	34.7
忻州市	424	1410	12.2
临汾市	845	2683	19.1
吕梁市	764	2181	18.9

1-B-8 续表 8

(货摊、无店铺及其他零售)

地 区	法人单位数 (个)	从业人员期末人数 (人)	年末零售营业面积 (万平方米)
全 省	**6728**	**28940**	**121.4**
太原市	1956	6151	12.1
大同市	706	6999	10.8
阳泉市	278	1393	2.2
长治市	286	919	2.7
晋城市	695	2774	11.1
朔州市	332	1317	27.8
晋中市	631	2395	8.0
运城市	593	2104	19.3
忻州市	171	1557	11.7
临汾市	484	1471	7.9
吕梁市	596	1860	7.8

1-B-9　分地区零售业法人企业基本情况(按登记注册类型分)

(内资企业)

地　区	法人单位数(个)	从业人员期末人数(人)	年末零售营业面积(万平方米)
全　省	**72871**	**368987**	**2014.6**
太原市	20531	97785	397.7
大同市	6455	36961	192.4
阳泉市	2731	15634	90.4
长治市	6012	29132	166.2
晋城市	6445	40770	171.5
朔州市	3793	19085	179.6
晋中市	6577	29640	188.7
运城市	5881	31879	209.7
忻州市	3150	18273	118.9
临汾市	5821	27773	160.6
吕梁市	5475	22055	138.9

1-B-9　续表 1

(国有企业)

地　区	法人单位数(个)	从业人员期末人数(人)	年末零售营业面积(万平方米)
全　省	**347**	**5781**	**35.7**
太原市	87	1288	6.9
大同市	41	350	1.5
阳泉市	24	435	4.4
长治市	31	651	4.5
晋城市	13	119	1.0
朔州市	15	737	3.9
晋中市	17	285	7.6
运城市	21	335	3.1
忻州市	37	991	0.7
临汾市	20	205	0.5
吕梁市	41	385	1.5

1-B-9 续表 2

(集体企业)

地 区	法人单位数（个）	从业人员期末人数（人）	年末零售营业面积（万平方米）
全 省	**864**	**11317**	**44.4**
太原市	130	1179	2.4
大同市	71	1961	1.7
阳泉市	52	463	3.9
长治市	98	1275	4.4
晋城市	84	1767	6.8
朔州市	31	525	1.5
晋中市	75	806	4.9
运城市	90	1276	9.1
忻州市	69	906	4.0
临汾市	81	772	3.2
吕梁市	83	387	2.4

1-B-9 续表 3

(股份合作企业)

地 区	法人单位数（个）	从业人员期末人数（人）	年末零售营业面积（万平方米）
全 省	**17**	**125**	**1.4**
太原市	7	57	
大同市			
阳泉市			
长治市	1	20	0.1
晋城市			
朔州市	1	3	
晋中市	2	23	1.1
运城市	1		
忻州市			
临汾市	2	9	
吕梁市	3	13	0.2

1-B-9　续表 4

(联营企业)

地　区	法人单位数(个)	从业人员期末人数(人)	年末零售营业面积(万平方米)
全　省	**28**	**253**	**0.7**
太原市	1		
大同市	3	21	0.4
阳泉市	2	5	0.1
长治市	2	74	
晋城市	2	38	
朔州市	2	21	
晋中市	3	17	0.1
运城市	3	24	
忻州市	8	47	0.1
临汾市	2	6	
吕梁市			

1-B-9　续表 5

(有限责任公司)

地　区	法人单位数(个)	从业人员期末人数(人)	年末零售营业面积(万平方米)
全　省	**5544**	**62428**	**277.6**
太原市	1901	21577	79.2
大同市	817	10835	43.4
阳泉市	524	5190	27.2
长治市	686	3394	18.8
晋城市	219	5262	20.4
朔州市	31	833	5.1
晋中市	518	3408	29.2
运城市	354	5861	20.3
忻州市	132	2951	9.9
临汾市	265	2059	15.3
吕梁市	97	1058	8.8

1-B-9 续表 6

(股份有限公司)

地 区	法人单位数 (个)	从业人员期末人数 (人)	年末零售营业面积 (万平方米)
全 省	**473**	**11225**	**76.4**
太原市	157	2187	20.3
大同市	57	703	1.7
阳泉市	42	716	3.3
长治市	51	1145	11.0
晋城市	25	939	7.1
朔州市	7	224	0.1
晋中市	46	1231	7.1
运城市	31	1072	2.5
忻州市	30	984	6.1
临汾市	22	1195	11.8
吕梁市	5	829	5.3

1-B-9 续表 7

(私营企业)

地 区	法人单位数 (个)	从业人员期末人数 (人)	年末零售营业面积 (万平方米)
全 省	**65066**	**276417**	**1560.8**
太原市	18212	71425	288.4
大同市	5404	22942	142.8
阳泉市	2082	8798	51.4
长治市	5125	22499	126.6
晋城市	6083	32596	135.8
朔州市	3648	16555	162.4
晋中市	5801	23623	137.9
运城市	5376	23275	174.7
忻州市	2800	12192	94.1
临汾市	5349	23375	126.0
吕梁市	5186	19137	120.6

1-B-9　续表 8

(其他企业)

地　区	法人单位数(个)	从业人员期末人数(人)	年末零售营业面积(万平方米)
全　省	**532**	**1441**	**17.6**
太原市	36	72	0.3
大同市	62	149	0.8
阳泉市	5	27	
长治市	18	74	0.7
晋城市	19	49	0.3
朔州市	58	187	6.5
晋中市	115	247	0.8
运城市	5	36	0.1
忻州市	74	202	4.1
临汾市	80	152	3.7
吕梁市	60	246	0.3

1-B-9　续表 9

(港、澳、台商投资企业)

地　区	法人单位数(个)	从业人员期末人数(人)	年末零售营业面积(万平方米)
全　省	**14**	**2141**	**5.6**
太原市	9	1128	4.2
大同市	2	990	1.4
阳泉市			
长治市			
晋城市			
朔州市			
晋中市			
运城市			
忻州市	1	23	
临汾市	1		
吕梁市	1		

1-B-9 续表 10

(外商投资企业)

地 区	法人单位数（个）	从业人员期末人数（人）	年末零售营业面积（万平方米）
全 省	**30**	**1175**	**6.1**
太原市	18	937	5.3
大同市	2		0.1
阳泉市			
长治市	1	3	
晋城市	2	81	0.5
朔州市			
晋中市	3	139	0.2
运城市			
忻州市	1		
临汾市			
吕梁市	3	15	

1-B-10 分地区零售业法人企业基本情况(按零售业态分)

(有店铺零售)

地 区	法人单位数（个）	从业人员期末人数（人）	年末零售营业面积（万平方米）
全 省	**54635**	**319240**	**1889.6**
太原市	11906	77375	379.1
大同市	5295	34168	179.5
阳泉市	1926	12605	85.7
长治市	4961	26799	162.5
晋城市	5062	35370	155.3
朔州市	3418	17979	173.8
晋中市	5347	26955	179.8
运城市	4818	28568	199.4
忻州市	2662	15816	105.8
临汾市	4914	25178	145.5
吕梁市	4326	18427	123.2

注：零售业态普查设计为多选，下表同。

1-B-10　续表 1

(食杂店)

地　区	法人单位数 (个)	从业人员期末人数 (人)	年末零售营业面积 (万平方米)
全　省	**3023**	**10788**	**51.9**
太原市	727	1757	7.7
大同市	274	1026	5.8
阳泉市	88	408	2.6
长治市	267	1323	6.1
晋城市	299	1315	4.5
朔州市	268	906	5.3
晋中市	361	1315	7.2
运城市	184	757	3.5
忻州市	143	770	3.7
临汾市	199	704	2.2
吕梁市	213	507	3.4

1-B-10　续表 2

(便利店)

地　区	法人单位数 (个)	从业人员期末人数 (人)	年末零售营业面积 (万平方米)
全　省	**5098**	**24913**	**129.5**
太原市	749	5082	36.1
大同市	363	1738	5.5
阳泉市	144	1071	5.4
长治市	393	2205	8.8
晋城市	421	2262	11.0
朔州市	365	1258	16.1
晋中市	573	2707	8.9
运城市	834	2934	14.3
忻州市	192	1250	3.3
临汾市	601	2001	8.8
吕梁市	463	2405	11.4

1-B-10 续表 3

(折扣店)

地 区	法人单位数（个）	从业人员期末人数（人）	年末零售营业面积（万平方米）
全 省	**1168**	**3741**	**22.3**
太原市	159	672	3.3
大同市	121	439	2.3
阳泉市	48	124	0.8
长治市	65	212	1.2
晋城市	161	493	1.1
朔州市	58	170	1.2
晋中市	122	322	2.5
运城市	98	264	2.6
忻州市	34	179	0.7
临汾市	157	547	3.0
吕梁市	145	319	3.5

1-B-10 续表 4

(超市)

地 区	法人单位数（个）	从业人员期末人数（人）	年末零售营业面积（万平方米）
全 省	**1755**	**21703**	**93.7**
太原市	270	2759	8.1
大同市	121	1140	5.3
阳泉市	58	1041	5.9
长治市	155	2278	12.7
晋城市	215	3533	11.7
朔州市	82	1127	3.8
晋中市	206	2283	10.7
运城市	217	2514	11.7
忻州市	101	1072	4.2
临汾市	200	2073	12.6
吕梁市	130	1883	7.0

1-B-10　续表 5

(大型超市)

地　区	法人单位数 (个)	从业人员期末人数 (人)	年末零售营业面积 (万平方米)
全　省	**75**	**20609**	**153.8**
太原市	13	8806	72.3
大同市	2	211	1.6
阳泉市	6	541	7.0
长治市	11	1332	14.4
晋城市	6	5271	5.6
朔州市	7	610	7.2
晋中市	10	2265	20.9
运城市	11	506	11.9
忻州市	4	592	3.7
临汾市	2	396	7.0
吕梁市	3	79	2.3

1-B-10　续表 6

(仓储会员店)

地　区	法人单位数 (个)	从业人员期末人数 (人)	年末零售营业面积 (万平方米)
全　省	**1137**	**4866**	**31.7**
太原市	201	1087	4.3
大同市	58	305	1.3
阳泉市	32	176	0.5
长治市	78	228	1.0
晋城市	149	807	3.2
朔州市	83	302	2.2
晋中市	153	714	4.5
运城市	106	417	5.6
忻州市	54	195	1.7
临汾市	71	285	2.0
吕梁市	152	350	5.5

1-B-10 续表 7

(百货店)

地 区	法人单位数(个)	从业人员期末人数(人)	年末零售营业面积(万平方米)
全 省	**9473**	**45759**	**267.5**
太原市	2367	7389	54.9
大同市	1073	6768	40.6
阳泉市	263	1819	16.0
长治市	1113	4897	27.5
晋城市	774	9061	23.8
朔州市	832	3227	16.2
晋中市	795	2984	26.6
运城市	580	3051	30.8
忻州市	331	2012	8.9
临汾市	798	2985	14.2
吕梁市	547	1566	8.1

1-B-10 续表 8

(专业店)

地 区	法人单位数(个)	从业人员期末人数(人)	年末零售营业面积(万平方米)
全 省	**23562**	**120502**	**665.3**
太原市	4745	30205	104.4
大同市	2446	13509	77.6
阳泉市	917	4740	30.5
长治市	1812	9189	53.8
晋城市	2166	10552	46.2
朔州市	1382	7201	65.2
晋中市	2126	9154	51.6
运城市	2001	10260	68.9
忻州市	1395	7384	46.7
临汾市	2370	10693	60.7
吕梁市	2202	7615	59.7

1-B-10　续表 9

(专卖店)

地　区	法人单位数 (个)	从业人员期末人数 (人)	年末零售营业面积 (万平方米)
全　省	**11268**	**68533**	**374.0**
太原市	2188	17169	80.1
大同市	1039	5722	26.4
阳泉市	491	3208	21.6
长治市	958	5796	25.6
晋城市	969	5915	24.5
朔州市	693	3221	46.5
晋中市	1236	5920	28.2
运城市	1017	8438	37.7
忻州市	583	3203	23.0
临汾市	1136	6139	33.9
吕梁市	958	3802	26.5

1-B-10　续表 10

(家居建材商店)

地　区	法人单位数 (个)	从业人员期末人数 (人)	年末零售营业面积 (万平方米)
全　省	**3920**	**14557**	**149.6**
太原市	1124	3445	19.6
大同市	352	1890	16.3
阳泉市	139	521	3.2
长治市	473	1537	16.6
晋城市	374	1731	23.4
朔州市	188	702	6.4
晋中市	359	1286	10.9
运城市	278	1083	24.9
忻州市	150	549	14.3
临汾市	272	970	7.5
吕梁市	211	843	6.5

1-B-10 续表 11

(购物中心)

地 区	法人单位数(个)	从业人员期末人数(人)	年末零售营业面积(万平方米)
全 省	**713**	**20571**	**162.0**
太原市	187	3902	25.7
大同市	51	686	9.6
阳泉市	24	635	7.3
长治市	60	956	11.9
晋城市	64	6664	16.1
朔州市	52	2301	27.1
晋中市	61	600	21.0
运城市	64	1132	19.0
忻州市	32	656	5.9
临汾市	70	1688	8.9
吕梁市	48	1351	9.5

1-B-10 续表 12

(厂家直销中心)

地 区	法人单位数(个)	从业人员期末人数(人)	年末零售营业面积(万平方米)
全 省	**1747**	**12783**	**63.6**
太原市	445	2181	12.0
大同市	196	5500	6.0
阳泉市	35	197	1.3
长治市	100	372	3.4
晋城市	108	660	2.6
朔州市	98	485	4.7
晋中市	169	826	9.3
运城市	181	842	9.6
忻州市	80	305	2.3
临汾市	194	849	8.1
吕梁市	141	566	4.5

1-B-10　续表 13

(无店铺零售)

地　区	法人单位数（个）	从业人员期末人数（人）	年末零售营业面积（万平方米）
全　省	**21133**	**65074**	**197.3**
太原市	9363	25404	40.3
大同市	1369	4686	19.3
阳泉市	880	3439	9.2
长治市	1199	2797	6.0
晋城市	1559	6967	23.8
朔州市	498	1753	10.2
晋中市	1583	4360	15.9
运城市	1313	4226	16.4
忻州市	620	3274	16.6
临汾市	1213	3468	19.5
吕梁市	1536	4700	20.1

1-B-10　续表 14

(电视购物)

地　区	法人单位数（个）	从业人员期末人数（人）	年末零售营业面积（万平方米）
全　省	**115**	**439**	**4.4**
太原市	22	66	
大同市	12	43	1.1
阳泉市	4	20	
长治市	7	57	0.1
晋城市	5	12	
朔州市	5	13	
晋中市	15	65	1.1
运城市	13	67	1.6
忻州市	4	8	
临汾市	17	58	0.2
吕梁市	11	30	0.2

1-B-10 续表 15

(邮购)

地 区	法人单位数(个)	从业人员期末人数(人)	年末零售营业面积(万平方米)
全 省	**418**	**1069**	**4.0**
太原市	121	318	1.3
大同市	23	66	0.8
阳泉市	19	63	0.2
长治市	11	26	0.1
晋城市	18	47	0.1
朔州市	18	57	0.2
晋中市	56	126	0.2
运城市	40	103	0.2
忻州市	16	48	0.1
临汾市	44	118	0.5
吕梁市	52	97	0.4

1-B-10 续表 16

(网上商店)

地 区	法人单位数(个)	从业人员期末人数(人)	年末零售营业面积(万平方米)
全 省	**1803**	**6525**	**18.7**
太原市	531	1976	2.5
大同市	51	89	2.3
阳泉市	36	121	0.1
长治市	65	256	0.6
晋城市	57	538	0.8
朔州市	39	109	0.6
晋中市	157	401	1.3
运城市	308	754	1.5
忻州市	58	186	5.3
临汾市	178	420	0.7
吕梁市	323	1675	3.1

1-B-10　续表 17

(自动售货亭)

地　区	法人单位数（个）	从业人员期末人数（人）	年末零售营业面积（万平方米）
全　省	**204**	**583**	**3.5**
太原市	39	76	0.1
大同市	15	64	1.0
阳泉市	4	12	0.1
长治市	9	25	0.1
晋城市	11	52	0.1
朔州市	16	78	0.1
晋中市	28	46	0.8
运城市	16	55	0.7
忻州市	15	34	0.1
临汾市	16	37	0.1
吕梁市	35	104	0.4

1-B-10　续表 18

(电话购物)

地　区	法人单位数（个）	从业人员期末人数（人）	年末零售营业面积（万平方米）
全　省	**527**	**1877**	**7.6**
太原市	183	598	0.7
大同市	61	210	2.2
阳泉市	9	55	0.7
长治市	18	64	0.1
晋城市	25	79	0.4
朔州市	27	29	0.1
晋中市	55	127	1.2
运城市	40	220	0.8
忻州市	26	257	0.6
临汾市	32	94	0.7
吕梁市	51	144	0.2

1-B-10 续表 19

(其他)

地 区	法人单位数(个)	从业人员期末人数(人)	年末零售营业面积(万平方米)
全 省	**19270**	**58672**	**172.6**
太原市	8906	23663	38.3
大同市	1280	4410	17.0
阳泉市	832	3250	8.8
长治市	1123	2499	5.3
晋城市	1490	6418	22.8
朔州市	443	1548	9.4
晋中市	1408	3883	11.8
运城市	1008	3379	12.2
忻州市	543	2823	10.6
临汾市	1024	3003	18.3
吕梁市	1213	3796	18.1

1-B-11 分地区零售业法人企业财务状况

单位：万元

地 区	资产总计	负债合计	营业收入
全 省	**29321105.1**	**17440389.2**	**26818937.7**
太原市	8571633.4	6035721.3	10168513.2
大同市	2692785.3	2110981.7	2479062.1
阳泉市	975534.4	646673.7	828209.3
长治市	1811158.3	1090646.0	1555289.7
晋城市	2005512.5	1309481.6	1941710.2
朔州市	1055742.1	550073.5	1278719.2
晋中市	2218658.4	1526485.5	1978869.0
运城市	2037879.4	1336296.9	2845679.3
忻州市	945941.3	638506.5	1223350.7
临汾市	1605034.1	1129870.8	1570426.4
吕梁市	5401226.0	1065651.8	949108.7

1-B-12　分地区零售业法人企业财务状况(按国民经济行业分)

(综合零售)　　单位：万元

地　区	资产总计	负债合计	营业收入
全　省	**4006694.6**	**3182426.7**	**3502146.2**
太原市	1368323.9	1024471.8	1516807.1
大同市	255800.5	245728.2	236875.9
阳泉市	86695.2	74545.7	61413.7
长治市	290840.7	180944.9	205937.3
晋城市	309965.7	276919.2	293080.4
朔州市	199900.6	121246.7	151229.0
晋中市	716871.8	616603.9	377282.9
运城市	190946.4	105072.3	288626.8
忻州市	105662.0	70537.8	151270.8
临汾市	314955.4	290220.0	159892.7
吕梁市	166732.3	176136.3	59729.7

1-B-12　续表 1

(食品、饮料及烟草制品专门零售)　　单位：万元

地　区	资产总计	负债合计	营业收入
全　省	**1565083.1**	**948795.6**	**1369730.8**
太原市	511910.1	368144.6	615219.2
大同市	163459.5	94569.4	77132.9
阳泉市	58804.1	41135.9	56567.9
长治市	64159.8	28674.5	25031.2
晋城市	178387.4	121021.4	111102.9
朔州市	74039.2	23738.8	104239.0
晋中市	117263.1	56092.2	75942.0
运城市	111467.1	26795.0	98371.8
忻州市	71396.0	68805.3	109025.9
临汾市	109296.3	56897.4	42306.5
吕梁市	104900.6	62921.3	54791.6

1-B-12 续表 2

(纺织、服装及日用品专门零售) 单位：万元

地 区	资产总计	负债合计	营业收入
全 省	**1403314.7**	**1016418.8**	**1354417.0**
太原市	686973.0	533113.1	714545.1
大同市	78880.1	55042.7	45887.5
阳泉市	92848.6	71332.7	44902.9
长治市	117992.1	101126.9	29324.5
晋城市	69137.2	40905.5	55070.6
朔州市	84169.4	35615.6	190418.0
晋中市	44120.6	27737.1	34315.1
运城市	86305.0	54420.8	134656.5
忻州市	46047.1	37570.6	42171.3
临汾市	73936.0	45272.1	42628.0
吕梁市	22905.5	14281.8	20497.6

1-B-12 续表 3

(文化、体育用品及器材专门零售) 单位：万元

地 区	资产总计	负债合计	营业收入
全 省	**986148.7**	**525778.9**	**574939.6**
太原市	373949.2	251242.0	191343.0
大同市	163816.7	73514.0	85525.5
阳泉市	34143.9	17830.7	15237.9
长治市	68464.3	38838.6	35141.3
晋城市	57774.7	32513.9	56236.0
朔州市	36244.1	13742.1	19346.0
晋中市	46327.3	17264.8	23423.2
运城市	48227.6	25671.1	45231.5
忻州市	33838.1	11800.3	25394.4
临汾市	75195.2	24936.8	41634.6
吕梁市	48167.8	18424.7	36426.1

1-B-12　续表 4

(医药及医疗器材专门零售)　　单位：万元

地　区	资产总计	负债合计	营业收入
全　省	**883381.0**	**618263.8**	**1161019.3**
太原市	386356.1	270798.9	475541.3
大同市	77256.4	55011.0	103019.2
阳泉市	46688.5	38635.7	41763.8
长治市	51517.5	30365.4	51217.6
晋城市	34126.5	22664.7	51604.5
朔州市	13895.1	4321.7	26666.1
晋中市	52379.7	27607.5	68756.1
运城市	80006.9	48562.8	135435.6
忻州市	33909.8	18913.9	42941.0
临汾市	72191.4	42100.5	94106.8
吕梁市	35053.0	59281.8	69967.3

1-B-12　续表 5

(汽车、摩托车、零配件和燃料及其他动力销售)　　单位：万元

地　区	资产总计	负债合计	营业收入
全　省	**7720256.2**	**5588995.2**	**12862145.6**
太原市	2217715.9	1709131.0	4124017.9
大同市	737696.2	592042.7	1215691.5
阳泉市	303347.0	203458.4	396687.3
长治市	531781.9	371025.8	955701.2
晋城市	530212.1	305234.2	706565.4
朔州市	399050.1	236315.5	572110.2
晋中市	602182.6	432203.9	1118181.6
运城市	1045665.5	818588.6	1527638.7
忻州市	405614.4	271962.9	719922.7
临汾市	559734.9	451963.7	975121.3
吕梁市	387255.7	197068.6	550507.9

1-B-12 续表 6

(家用电器及电子产品专门零售) 单位：万元

地　区	资产总计	负债合计	营业收入
全　省	**1985231.6**	**1122932.0**	**1758709.1**
太原市	882547.9	525104.6	871331.4
大同市	112151.9	72265.9	137756.2
阳泉市	62227.6	41664.0	71347.3
长治市	241908.1	73331.2	110130.4
晋城市	186007.7	102488.0	146695.0
朔州市	41233.1	14280.3	31552.8
晋中市	78839.2	39251.9	72812.6
运城市	110116.3	64971.2	148263.8
忻州市	36080.5	22905.5	44030.4
临汾市	167525.3	125625.8	75216.5
吕梁市	66594.0	41043.5	49572.8

1-B-12 续表 7

(五金、家具及室内装饰材料专门零售) 单位：万元

地　区	资产总计	负债合计	营业收入
全　省	**3614791.5**	**2141933.2**	**2377218.1**
太原市	1327962.1	903982.9	985971.6
大同市	357473.1	213588.9	198732.6
阳泉市	195632.6	114008.8	91730.1
长治市	350843.7	221199.8	106623.0
晋城市	437202.5	269617.2	315859.0
朔州市	114937.6	46401.9	87583.5
晋中市	309749.7	134855.5	103562.2
运城市	174324.3	75097.0	326247.5
忻州市	88704.4	53236.4	42327.4
临汾市	149482.2	54421.6	56152.2
吕梁市	108479.5	55523.2	62429.2

1-B-12　续表 8

(货摊、无店铺及其他零售业)　　　　单位：万元

地　区	资产总计	负债合计	营业收入
全　省	**7156203.9**	**2294845.0**	**1858612.1**
太原市	815895.3	449732.3	673736.7
大同市	746250.8	709219.0	378440.8
阳泉市	95147.0	44061.9	48558.4
长治市	93650.2	45139.1	36183.4
晋城市	202698.9	138117.7	205496.5
朔州市	92272.8	54411.1	95574.6
晋中市	250924.3	174868.8	104593.5
运城市	190820.4	117118.1	141207.2
忻州市	124689.1	82773.8	46266.7
临汾市	82717.3	38432.8	83367.9
吕梁市	4461137.7	440970.5	45186.5

1-B-13　分地区零售业法人企业财务状况(按登记注册类型分)

(内资企业)　　　　单位：万元

地　区	资产总计	负债合计	营业收入
全　省	**29003511.8**	**17232762.5**	**26404238.9**
太原市	8444292.6	5932297.2	9886967.2
大同市	2525225.3	2014118.0	2376438.7
阳泉市	975534.4	646673.7	828209.3
长治市	1811147.6	1090646.0	1555272.9
晋城市	1998759.5	1308306.3	1940696.9
朔州市	1055742.1	550073.5	1278719.2
晋中市	2206760.6	1522203.1	1950503.8
运城市	2037879.4	1336296.9	2845679.3
忻州市	942108.7	636846.2	1222538.1
临汾市	1605034.1	1129870.8	1570426.4
吕梁市	5401027.6	1065431.0	948787.1

1-B-13　续表 1

(国有企业)　　单位：万元

地　区	资产总计	负债合计	营业收入
全　省	**371721.1**	**366587.6**	**435784.1**
太原市	110159.5	114654.7	30096.5
大同市	8898.8	10034.8	3327.5
阳泉市	25601.2	27776.9	11836.7
长治市	49146.6	60228.3	6449.9
晋城市	17138.9	15932.5	12615.4
朔州市	106324.6	79596.4	229471.9
晋中市	12793.4	5821.2	6823.2
运城市	8496.1	7366.5	94394.5
忻州市	16228.4	33664.0	35029.0
临汾市	11274.5	6207.3	2811.8
吕梁市	5659.2	5304.9	2927.9

1-B-13　续表 2

(集体企业)　　单位：万元

地　区	资产总计	负债合计	营业收入
全　省	**244933.1**	**225880.4**	**336184.6**
太原市	44803.5	37343.9	47175.2
大同市	26847.3	23936.9	13902.6
阳泉市	17990.5	13562.0	4422.2
长治市	18672.9	15251.2	7692.9
晋城市	39936.7	35489.8	26907.6
朔州市	8320.4	3882.4	11473.2
晋中市	13073.6	6567.1	24713.5
运城市	28910.0	17087.6	134007.9
忻州市	13285.7	8211.4	30703.0
临汾市	21849.1	18132.5	27437.2
吕梁市	11243.3	46415.6	7749.2

1-B-13　续表 3

(股份合作企业)

单位：万元

地　区	资产总计	负债合计	营业收入
全　省	**2885.9**	**2299.1**	**9968.2**
太原市	2159.4	1797.3	9723.0
大同市			
阳泉市			
长治市	33.9	22.5	44.5
晋城市			
朔州市	10.0		1.0
晋中市	309.0	100.0	115.8
运城市			
忻州市			
临汾市	146.0	184.3	68.6
吕梁市	227.6	195.0	15.4

1-B-13　续表 4

(联营企业)

单位：万元

地　区	资产总计	负债合计	营业收入
全　省	**3436.6**	**2683.8**	**2751.7**
太原市	198.8		
大同市	704.6	1215.0	858.1
阳泉市	155.2	182.7	55.2
长治市	414.5	316.3	138.9
晋城市	489.2	408.1	46.1
朔州市	342.6	263.4	532.5
晋中市	152.7	24.4	209.0
运城市	468.3	189.8	515.3
忻州市	480.7	84.1	301.3
临汾市	30.0		95.5
吕梁市			

1-B-13 续表 5

(有限责任公司) 单位：万元

地 区	资产总计	负债合计	营业收入
全 省	**9243575.2**	**4247321.2**	**5410123.6**
太原市	1567581.7	1235798.7	2313324.7
大同市	950813.0	950867.2	913534.8
阳泉市	388619.0	265622.1	316107.9
长治市	206399.5	122007.1	164252.4
晋城市	254998.0	170043.5	255950.3
朔州市	36454.1	17438.2	40378.3
晋中市	359445.2	242496.8	245714.9
运城市	617918.2	520962.5	710970.9
忻州市	218252.2	149541.9	187255.1
临汾市	171294.5	123609.9	156921.9
吕梁市	4471799.8	448933.3	105712.4

1-B-13 续表 6

(股份有限公司) 单位：万元

地 区	资产总计	负债合计	营业收入
全 省	**1440385.8**	**1049912.8**	**3168763.7**
太原市	431524.2	324729.9	600848.4
大同市	129485.4	118619.8	96474.3
阳泉市	51465.5	30748.4	137203.9
长治市	148795.7	82766.0	301610.1
晋城市	140981.3	58131.9	249149.1
朔州市	30230.5	3189.9	93015.1
晋中市	71454.4	127745.0	422598.9
运城市	152054.7	100982.4	368287.2
忻州市	142418.3	100992.3	313305.1
临汾市	73738.4	83961.5	346999.6
吕梁市	68237.5	18045.8	239272.0

1-B-13　续表 7

(私营企业)　　单位：万元

地　区	资产总计	负债合计	营业收入
全　省	**17658922.2**	**11330037.8**	**17008676.0**
太原市	6281632.4	4217099.9	6884958.5
大同市	1404602.3	907965.9	1343020.7
阳泉市	491220.0	308675.1	358464.7
长治市	1386690.3	809966.4	1074647.0
晋城市	1544011.2	1028000.6	1395362.3
朔州市	868346.3	444759.3	898377.8
晋中市	1738986.7	1136971.8	1242881.5
运城市	1229782.8	689693.8	1531604.3
忻州市	548457.8	343942.2	653772.9
临汾市	1324214.2	897305.7	1034719.3
吕梁市	840978.3	545657.0	590867.0

1-B-13　续表 8

(其他企业)　　单位：万元

地　区	资产总计	负债合计	营业收入
全　省	**37652.0**	**8039.9**	**31986.9**
太原市	6233.1	872.8	840.8
大同市	3873.9	1478.5	5320.7
阳泉市	482.9	106.4	118.8
长治市	994.3	88.2	437.3
晋城市	1204.2	299.9	666.1
朔州市	5713.6	944.0	5469.4
晋中市	10545.6	2476.7	7447.2
运城市	249.4	14.3	5899.3
忻州市	2985.7	410.2	2171.7
临汾市	2487.4	469.6	1372.4
吕梁市	2881.9	879.3	2243.3

1-B-13 续表 9

(港、澳、台商投资企业) 单位：万元

地 区	资产总计	负债合计	营业收入
全 省	**240215.5**	**157846.5**	**323564.9**
太原市	90326.7	59323.1	220129.0
大同市	147549.0	96863.7	102623.4
阳泉市			
长治市			
晋城市			
朔州市			
晋中市			
运城市			
忻州市	2339.8	1659.7	812.6
临汾市			
吕梁市			

1-B-13 续表 10

(外商投资企业) 单位：万元

地 区	资产总计	负债合计	营业收入
全 省	**77377.8**	**49780.3**	**91133.9**
太原市	37014.1	44101.0	61417.1
大同市	20011.0		
阳泉市			
长治市	10.6		16.8
晋城市	6753.1	1175.4	1013.3
朔州市			
晋中市	11897.9	4282.5	28365.1
运城市			
忻州市	1492.8	0.6	
临汾市			
吕梁市	198.4	220.8	321.6

1-B-14　分地区零售业法人企业财务状况(按零售业态分)

(有店铺零售)

单位：万元

地　区	资产总计	负债合计	营业收入
全　省	**20191798.1**	**14131373.6**	**23788832.1**
太原市	6260294.4	4530761.0	8579569.1
大同市	2382193.0	1928315.5	2276634.5
阳泉市	705433.5	499051.3	711965.3
长治市	1462565.8	943289.1	1501028.2
晋城市	1687736.9	1103264.3	1673451.6
朔州市	974956.7	509732.6	1199398.6
晋中市	1960443.0	1377080.3	1840156.1
运城市	1666443.8	1089236.9	2583122.9
忻州市	746620.6	498944.3	1117415.1
临汾市	1451909.1	1051730.6	1471612.4
吕梁市	893201.4	599967.9	834478.4

1-B-14　续表 1

(食杂店)

单位：万元

地　区	资产总计	负债合计	营业收入
全　省	**414468.1**	**270363.4**	**367806.4**
太原市	89739.6	69485.9	63341.9
大同市	31473.0	22996.4	28091.4
阳泉市	17901.5	22658.2	17300.6
长治市	37448.7	12310.3	14256.6
晋城市	43611.1	31036.7	41937.6
朔州市	31461.9	13997.8	17286.8
晋中市	60443.8	17940.6	48609.8
运城市	37578.2	30132.5	43339.3
忻州市	30689.3	36026.6	78290.9
临汾市	18088.2	7498.9	9440.4
吕梁市	16032.7	6279.6	5911.2

1-B-14 续表 2

(便利店) 单位：万元

地 区	资产总计	负债合计	营业收入
全 省	**1392242.6**	**890671.2**	**2309970.0**
太原市	371295.6	227114.2	681906.8
大同市	232559.3	178099.0	122280.1
阳泉市	60973.7	30529.6	142704.9
长治市	108534.5	44026.8	101136.0
晋城市	77025.2	30605.4	100768.1
朔州市	39066.2	19538.8	33101.1
晋中市	11217.0	36294.8	180591.3
运城市	179905.3	129863.4	344985.2
忻州市	115090.7	114805.3	260693.8
临汾市	67477.9	30803.9	40074.4
吕梁市	129097.3	48990.1	301728.4

1-B-14 续表 3

(折扣店) 单位：万元

地 区	资产总计	负债合计	营业收入
全 省	**237660.7**	**145343.5**	**162794.4**
太原市	48366.2	47367.2	57121.7
大同市	88493.7	49870.6	23968.5
阳泉市	5805.1	2820.7	4019.5
长治市	10207.0	4765.9	4308.1
晋城市	22148.8	13814.5	21487.6
朔州市	8952.4	677.1	1962.7
晋中市	9542.1	2163.8	5396.9
运城市	7856.4	3694.1	9119.5
忻州市	2399.3	1119.1	4763.1
临汾市	18899.8	10625.8	17564.2
吕梁市	14989.8	8424.8	13082.7

1-B-14　续表 4

(超市)　单位：万元

地　区	资产总计	负债合计	营业收入
全　省	**826368.0**	**608245.5**	**735015.9**
太原市	106366.6	88809.6	157210.5
大同市	43006.0	33188.8	41922.1
阳泉市	26659.9	24433.6	37476.2
长治市	49047.4	33998.3	45175.5
晋城市	135494.7	92728.9	77204.9
朔州市	35752.3	14348.6	22706.6
晋中市	131828.4	125931.7	72410.6
运城市	106744.0	76728.9	112841.3
忻州市	60164.5	39234.3	55112.9
临汾市	68247.2	40096.9	48795.0
吕梁市	63057.0	38745.8	64160.3

1-B-14　续表 5

(大型超市)　单位：万元

地　区	资产总计	负债合计	营业收入
全　省	**1105687.3**	**1004387.0**	**1439581.6**
太原市	343267.5	298621.9	1017384.6
大同市	3853.4	1838.2	18686.9
阳泉市	19613.0	18072.9	23932.9
长治市	75389.4	58499.8	73581.4
晋城市	91441.8	96851.0	70048.4
朔州市	23671.6	8126.1	10798.6
晋中市	378398.2	378062.9	137159.6
运城市	35483.3	12795.8	34430.5
忻州市	34679.0	23467.2	25508.6
临汾市	98914.1	107562.0	25698.3
吕梁市	976.1	489.1	2352.0

1-B-14 续表 6

(仓储会员店) 单位：万元

地 区	资产总计	负债合计	营业收入
全 省	**310094.8**	**210309.6**	**200968.9**
太原市	55781.8	35738.4	79217.7
大同市	18315.0	14679.3	14364.6
阳泉市	5407.8	4142.3	5133.6
长治市	11743.1	3266.9	4635.7
晋城市	42999.8	33384.3	45703.8
朔州市	67742.8	66939.8	3603.4
晋中市	28714.8	8393.0	17592.0
运城市	16190.8	10798.1	14033.3
忻州市	26580.3	20511.0	1795.2
临汾市	14864.1	7866.5	8236.3
吕梁市	21754.6	4590.1	6653.5

1-B-14 续表 7

(百货店) 单位：万元

地 区	资产总计	负债合计	营业收入
全 省	**2582543.0**	**1809249.6**	**2029059.2**
太原市	949144.8	655336.1	593442.0
大同市	274140.4	222276.5	258026.7
阳泉市	100848.5	90112.5	53457.8
长治市	264245.5	174979.8	121649.9
晋城市	230351.0	191847.2	198478.9
朔州市	164855.2	65380.4	138118.5
晋中市	210119.5	118742.5	173340.4
运城市	105959.3	56591.3	256672.5
忻州市	31112.0	19038.4	92494.2
临汾市	198301.9	158574.0	110820.4
吕梁市	53464.9	56371.0	32558.0

1-B-14　续表 8

(专业店)　单位：万元

地　区	资产总计	负债合计	营业收入
全　省	**7538368.7**	**4765138.6**	**8749677.2**
太原市	2164750.9	1556395.5	2876923.0
大同市	913899.1	569561.3	754946.7
阳泉市	240156.3	165978.0	242822.4
长治市	524745.9	284302.2	691083.2
晋城市	750280.6	442772.5	704264.9
朔州市	455905.4	219966.5	624749.1
晋中市	688758.0	410703.6	783938.6
运城市	593607.8	348761.1	777447.2
忻州市	284723.5	194615.7	348792.5
临汾市	560568.7	380246.6	694218.0
吕梁市	360972.5	191835.8	250491.7

1-B-14　续表 9

(专卖店)　单位：万元

地　区	资产总计	负债合计	营业收入
全　省	**4615686.4**	**3485192.5**	**6804373.9**
太原市	1492804.8	1306416.6	2678948.1
大同市	382968.7	283269.8	576257.8
阳泉市	252831.9	166956.6	231776.1
长治市	363174.8	299048.0	506382.2
晋城市	317842.6	211410.0	378485.2
朔州市	164246.1	106139.2	209368.0
晋中市	288806.8	192042.3	383763.5
运城市	559386.2	399233.9	908349.4
忻州市	166503.9	71167.2	266823.2
临汾市	405975.2	295020.6	492885.1
吕梁市	221145.6	154488.2	171335.4

1-B-14 续表 10

(家居建材商店)

单位：万元

地 区	资产总计	负债合计	营业收入
全 省	**1267732.6**	**594236.3**	**785012.3**
太原市	498099.2	216707.2	388425.6
大同市	64289.9	41271.6	39907.5
阳泉市	31332.9	17379.5	13266.5
长治市	121459.5	55803.5	44517.1
晋城市	126473.3	69166.9	84437.1
朔州市	31560.0	14139.5	21694.5
晋中市	177675.8	87895.9	48102.0
运城市	84013.4	33937.4	74339.6
忻州市	40597.8	24354.6	32823.2
临汾市	61232.6	16595.3	16085.8
吕梁市	30998.2	16984.9	21413.4

1-B-14 续表 11

(购物中心)

单位：万元

地 区	资产总计	负债合计	营业收入
全 省	**1008253.4**	**826448.1**	**1167805.3**
太原市	455374.0	351667.8	563552.0
大同市	42266.2	38279.2	25806.9
阳泉市	27532.7	22459.6	29740.8
长治市	28960.3	26055.5	13760.1
晋城市	141679.8	138775.5	131980.5
朔州市	65233.5	27434.5	182728.1
晋中市	42365.2	30363.9	34879.6
运城市	48066.3	41948.2	99880.5
忻州市	7585.1	2155.1	31438.5
临汾市	42404.8	35070.0	38395.2
吕梁市	106785.4	112238.7	15643.2

1-B-14　续表 12

(厂家直销中心)　　单位：万元

地　区	资产总计	负债合计	营业收入
全　省	**1257763.3**	**1072659.6**	**1424888.9**
太原市	251644.8	191019.4	417183.9
大同市	682417.1	714715.2	676375.4
阳泉市	6009.1	2825.9	18969.0
长治市	14066.2	6718.3	13278.5
晋城市	52984.2	36069.5	34690.6
朔州市	21456.8	10718.4	12759.7
晋中市	55874.0	30639.7	59640.2
运城市	47052.1	28002.9	89878.2
忻州市	14268.8	5054.1	17791.0
临汾市	77439.2	28916.4	65718.4
吕梁市	34551.1	17979.8	18604.0

1-B-14　续表 13

(无店铺零售)　　单位：万元

地　区	资产总计	负债合计	营业收入
全　省	**9711838.6**	**3756855.1**	**3771190.9**
太原市	2533549.4	1638815.8	1861823.2
大同市	351041.1	208287.0	239136.8
阳泉市	299075.7	172175.2	152144.9
长治市	367656.2	155134.9	66286.0
晋城市	379709.9	255157.4	343411.1
朔州市	92366.9	46102.3	92145.8
晋中市	292538.7	259034.6	280105.1
运城市	427440.8	288025.6	332677.1
忻州市	219945.4	149558.7	135188.5
临汾市	203793.8	100410.7	121630.3
吕梁市	4544720.9	484152.9	146642.2

1-B-14 续表 14

(电视购物) 单位：万元

地区	资产总计	负债合计	营业收入
全省	**17707.4**	**11950.3**	**28209.9**
太原市	2644.5	1886.7	3358.2
大同市	1303.4	1023.5	801.1
阳泉市	392.4	501.2	473.1
长治市	1041.5	53.3	3190.8
晋城市	277.0	96.1	251.7
朔州市	771.8	180.1	35.7
晋中市	2796.7	1244.7	5757.3
运城市	7090.5	6754.7	12730.6
忻州市	50.0	2.9	85.1
临汾市	1026.9	139.0	985.3
吕梁市	312.8	68.1	541.1

1-B-14 续表 15

(邮购) 单位：万元

地区	资产总计	负债合计	营业收入
全省	**37855.1**	**23843.9**	**28584.9**
太原市	20692.5	16461.2	17886.9
大同市	2884.8	1804.3	2582.6
阳泉市	2755.0	1365.2	1114.9
长治市	1280.1	148.6	353.8
晋城市	647.5	489.7	781.7
朔州市	715.3	10.7	182.4
晋中市	1301.9	373.3	1104.8
运城市	2330.2	811.9	1502.7
忻州市	1955.2	875.1	599.8
临汾市	2415.3	1235.0	1897.7
吕梁市	877.4	269.2	577.8

1-B-14　续表 16

(网上商店)　　单位：万元

地　区	资产总计	负债合计	营业收入
全　省	**184318.2**	**86492.7**	**244264.6**
太原市	81558.8	49510.8	125456.8
大同市	3156.5	1137.7	1186.7
阳泉市	2627.8	763.2	729.6
长治市	9371.8	1141.6	8514.0
晋城市	7623.0	3978.0	23950.4
朔州市	1849.0	814.1	2600.7
晋中市	23939.9	7480.5	8434.7
运城市	14204.1	4490.2	16329.4
忻州市	3273.4	1260.3	2650.5
临汾市	10759.7	4783.8	5724.9
吕梁市	25954.1	11132.5	48687.0

1-B-14　续表 17

(自动售货亭)　　单位：万元

地　区	资产总计	负债合计	营业收入
全　省	**48795.8**	**37997.2**	**23417.3**
太原市	10245.7	8732.5	1070.0
大同市	2834.7	474.6	1816.2
阳泉市	620.9	243.8	766.4
长治市	645.6	146.6	231.5
晋城市	854.3	311.6	904.1
朔州市	1859.7	534.7	327.2
晋中市	2907.7	1033.0	4884.5
运城市	25254.4	24975.6	9270.6
忻州市	426.5	177.9	234.1
临汾市	499.1	21.7	369.4
吕梁市	2647.3	1345.2	3543.3

1-B-14 续表 18

(电话购物) 单位：万元

地 区	资产总计	负债合计	营业收入
全 省	**142089.3**	**79404.8**	**134584.1**
太原市	61131.9	24429.8	59906.3
大同市	8822.1	5301.7	12919.4
阳泉市	1207.7	1566.3	1637.4
长治市	4914.6	2444.3	695.3
晋城市	7865.0	5765.2	1864.3
朔州市	2530.9	1456.3	4852.0
晋中市	2993.3	692.1	2175.1
运城市	22758.2	20863.9	33945.7
忻州市	22272.5	12307.2	4951.5
临汾市	1929.3	1054.7	2509.2
吕梁市	5663.9	3523.2	9127.9

1-B-14 续表 19

(其他) 单位：万元

地 区	资产总计	负债合计	营业收入
全 省	**9506157.5**	**3652647.9**	**3518033.9**
太原市	2458655.8	1585304.6	1735717.4
大同市	342519.2	204848.9	229370.9
阳泉市	294836.7	170767.6	150152.6
长治市	353326.5	151390.6	57548.0
晋城市	372324.3	250538.5	319072.7
朔州市	87719.2	44586.6	89149.5
晋中市	263591.7	250099.5	268875.6
运城市	409001.5	277372.7	298747.0
忻州市	205302.6	144704.4	127871.7
临汾市	192972.9	95736.7	114843.6
吕梁市	4525907.3	477297.8	126684.8

第2篇

住宿和餐饮业企业基本情况及财务状况篇

资料整理校对：张艳君　邓娜

A. 行业部分

2-A-1　住宿业法人企业基本情况

分　组	法人单位数 (个)	从业人员期末人数 (人)
住宿业	**2769**	**55149**
按国民经济行业分组		
旅游饭店	548	25417
一般旅馆	1883	26913
经济型连锁酒店	218	2540
其他一般旅馆	1665	24373
民宿服务	36	206
露营地服务	4	60
其他住宿业	298	2553
按登记注册类型分组		
内资企业	2765	55126
国有企业	110	8709
集体企业	57	865
股份合作企业	3	57
联营企业	1	4
国有联营企业	1	4
集体联营企业		
国有与集体联营企业		
其他联营企业		
有限责任公司	290	12727
国有独资公司	8	787
其他有限责任公司	282	11940
股份有限公司	40	1159
私营企业	2238	31494
私营独资企业	394	3374
私营合伙企业	8	99
私营有限责任公司	1805	27481
私营股份有限公司	31	540
其他企业	26	111
港、澳、台商投资企业	1	
与港澳台商合资经营企业		
与港澳台商合作经营企业		
港澳台商独资经营企业	1	
港澳台商投资股份有限公司		
其他港澳台投资企业		
外商投资企业	3	23
中外合资经营企业	1	3
中外合作经营企业		
外资企业	2	20
外商投资股份有限公司		
其他外商投资		
按星级分组		
一星	43	422
二星	93	1688
三星	226	8598
四星	107	7111
五星	40	4866
其他	2260	32464

2-A-2 限额以上住宿业法人企业基本情况

分组	法人单位数（个）	从业人员期末人数（人）
住宿业	**360**	**31382**
按国民经济行业分组		
旅游饭店	177	20816
一般旅馆	177	10280
经济型连锁酒店	19	491
其他一般旅馆	158	9789
民宿服务		
露营地服务		
其他住宿业	6	286
按登记注册类型分组		
内资企业	360	31382
国有企业	47	7527
集体企业	7	378
股份合作企业		
联营企业		
国有联营企业		
集体联营企业		
国有与集体联营企业		
其他联营企业		
有限责任公司	71	9406
国有独资公司	4	766
其他有限责任公司	67	8640
股份有限公司	9	819
私营企业	226	13252
私营独资企业	21	1181
私营合伙企业	2	40
私营有限责任公司	201	11800
私营股份有限公司	2	231
其他企业		
港、澳、台商投资企业		
与港澳台商合资经营企业		
与港澳台商合作经营企业		
港澳台商独资经营企业		
港澳台商投资股份有限公司		
其他港澳台投资企业		
外商投资企业		
中外合资经营企业		
中外合作经营企业		
外资企业		
外商投资股份有限公司		
其他外商投资		
按星级分组		
一星	14	3870
二星	49	6175
三星	62	6454
四星	17	1089
五星		
其他	218	13794

2-A-3 住宿业法人企业财务状况

单位：万元

分 组	资产总计	负债合计	营业收入
住宿业	**2474569.4**	**1919898.6**	**589824.5**
按国民经济行业分组			
旅游饭店	1471108.2	1243385.0	299460.5
一般旅馆	913680.6	614816.5	264152.1
经济型连锁酒店	88586.0	72106.9	27743.9
其他一般旅馆	825094.5	542709.5	236408.3
民宿服务	5641.9	1175.9	2300.9
露营地服务	8971.7	4112.6	72.0
其他住宿业	75167.1	56408.6	23839.0
按登记注册类型分组			
内资企业	2472458.7	1919075.3	589124.8
国有企业	354227.6	275634.9	92515.6
集体企业	27567.9	17394.1	6757.9
股份合作企业	1304.3	2423.8	187.8
联营企业	183.1	16.9	37.3
国有联营企业	183.1	16.9	37.3
集体联营企业			
国有与集体联营企业			
其他联营企业			
有限责任公司	576461.2	520011.6	145755.9
国有独资公司	22875.3	24736.2	8105.9
其他有限责任公司	553585.9	495275.4	137650.0
股份有限公司	101091.0	54670.8	12887.8
私营企业	1409725.0	1048635.9	330684.1
私营独资企业	77389.1	48987.3	26700.2
私营合伙企业	1752.3	1024.1	759.1
私营有限责任公司	1308636.5	979764.9	298840.3
私营股份有限公司	21947.1	18859.7	4384.5
其他企业	1898.5	287.4	298.4
港、澳、台商投资企业			
与港澳台商合资经营企业			
与港澳台商合作经营企业			
港澳台商独资经营企业			
港澳台商投资股份有限公司			
其他港澳台投资企业			
外商投资企业	2110.7	823.2	699.8
中外合资经营企业	1530.4	477.1	85.4
中外合作经营企业			
外资企业	580.3	346.1	614.4
外商投资股份有限公司			
其他外商投资			
按星级分组			
一星	21263.1	16392.4	3609.0
二星	48749.3	29420.3	13579.5
三星	298343.8	288210.7	85648.7
四星	373620.8	297859.3	79060.7
五星	382348.3	253618.2	67171.3
其他	1350244.2	1034397.7	340755.4

2-A-4 限额以上住宿业法人企业财务状况

单位：万元

分　组	资产总计	负债合计	营业收入
住宿业	**1398152.6**	**1276580.8**	**392135.4**
按国民经济行业分组			
旅游饭店	1044546.0	1016848.8	268305.8
一般旅馆	340894.1	247249.0	120109.6
经济型连锁酒店	11286.0	8657.0	8423.7
其他一般旅馆	329608.1	238592.0	111685.9
民宿服务			
露营地服务			
其他住宿业	12712.5	12483.0	3720.0
按登记注册类型分组			
内资企业	1398152.6	1276580.8	392135.4
国有企业	319352.7	257035.4	85948.7
集体企业	13036.9	8734.7	3600.2
股份合作企业			
联营企业			
国有联营企业			
集体联营企业			
国有与集体联营企业			
其他联营企业			
有限责任公司	402248.3	357557.5	114919.6
国有独资公司	20862.0	24161.2	7720.5
其他有限责任公司	381386.3	333396.3	107199.1
股份有限公司	34855.0	24306.5	9428.3
私营企业	628659.7	628946.7	178238.6
私营独资企业	27797.0	27713.2	12648.0
私营合伙企业	814.9	1005.9	597.0
私营有限责任公司	591516.3	592775.7	162696.6
私营股份有限公司	8531.5	7451.9	2297.0
其他企业			
港、澳、台商投资企业			
与港澳台商合资经营企业			
与港澳台商合作经营企业			
港澳台商独资经营企业			
港澳台商投资股份有限公司			
其他港澳台投资企业			
外商投资企业			
中外合资经营企业			
中外合作经营企业			
外资企业			
外商投资股份有限公司			
其他外商投资			
按星级分组			
一星	236349.9	184475.4	59925.0
二星	340962.5	287520.3	70371.1
三星	199487.3	226900.3	68377.0
四星	36339.7	23669.7	8678.2
五星			
其他	585013.2	554015.1	184784.1

2-A-5　餐饮业法人企业基本情况

分　　组	法人单位数(个)	从业人员期末人数(人)	年末餐饮营业面积(万平方米)
餐饮业	**5643**	**73027**	**328.0**
按国民经济行业分组			
正餐服务	4987	63941	309.9
快餐服务	219	7169	9.3
饮料及冷饮服务	65	234	1.0
茶馆服务	13	16	0.2
咖啡馆服务	19	77	0.4
酒吧服务	16	82	0.3
其他饮料及冷饮服务	17	59	0.1
餐饮配送及外卖送餐服务	68	440	0.9
餐饮配送服务	49	353	0.7
外卖送餐服务	19	87	0.2
其他餐饮业	304	1243	6.8
小吃服务	120	310	1.7
其他未列明餐饮业	184	933	5.1
按登记注册类型分组			
内资企业	5633	68190	323.4
国有企业	53	2015	8.0
集体企业	20	388	1.4
股份合作企业	2	45	0.2
联营企业			
国有联营企业			
集体联营企业			
国有与集体联营企业			
其他联营企业			
有限责任公司	519	11666	47.4
国有独资公司	2	632	0.2
其他有限责任公司	517	11034	47.2
股份有限公司	53	721	3.2
私营企业	4954	53213	260.8
私营独资企业	407	4531	28.2
私营合伙企业	16	268	0.9
私营有限责任公司	4472	47092	223.4
私营股份有限公司	59	1322	8.3
其他企业	32	142	2.2
港、澳、台商投资企业	3	1455	1.2
与港澳台商合资经营企业			
与港澳台商合作经营企业			
港澳台商独资经营企业	3	1455	1.2
港澳台商投资股份有限公司			
其他港澳台投资企业			
外商投资企业	7	3382	3.4
中外合资经营企业	1		
中外合作经营企业			
外资企业	6	3382	3.4
外商投资股份有限公司			
其他外商投资			

2-A-6 限额以上餐饮业法人企业基本情况

分组	法人单位数（个）	从业人员期末人数（人）	年末餐饮营业面积（万平方米）
餐饮业	**442**	**38834**	**120.1**
按国民经济行业分组			
正餐服务	431	32731	114.7
快餐服务	9	6057	5.2
饮料及冷饮服务			
茶馆服务			
咖啡馆服务			
酒吧服务			
其他饮料及冷饮服务			
餐饮配送及外卖送餐服务	1	31	0.1
餐饮配送服务	1	31	0.1
外卖送餐服务			
其他餐饮业	1	15	
小吃服务	1	15	
其他未列明餐饮业			
按登记注册类型分组			
内资企业	440	34057	115.7
国有企业	18	1233	3.7
集体企业	4	343	1.0
股份合作企业	1	45	0.2
联营企业			
国有联营企业			
集体联营企业			
国有与集体联营企业			
其他联营企业			
有限责任公司	68	6667	24.8
国有独资公司	1	197	0.2
其他有限责任公司	67	6470	24.6
股份有限公司	7	427	1.6
私营企业	342	25342	84.5
私营独资企业	49	2207	8.8
私营合伙企业	2	47	0.4
私营有限责任公司	284	22381	71.1
私营股份有限公司	7	707	4.2
其他企业			
港、澳、台商投资企业	1	1455	1.2
与港澳台商合资经营企业			
与港澳台商合作经营企业			
港澳台商独资经营企业	1	1455	1.2
港澳台商投资股份有限公司			
其他港澳台投资企业			
外商投资企业	1	3322	3.1
中外合资经营企业			
中外合作经营企业			
外资企业	1	3322	3.1
外商投资股份有限公司			
其他外商投资			
按单位规模分组			
大型	3	5680	4.9
中型	44	11084	23.7
小型	370	21801	84.9
微型	25	269	6.5

2-A-7　餐饮业法人企业财务状况

单位：万元

分　　组	资产总计	负债合计	营业收入
餐饮业	**1666328.4**	**1346214.6**	**781669.1**
按国民经济行业分组			
正餐服务	1575633.7	1300995.7	663045.9
快餐服务	61468.7	36557.9	106577.1
饮料及冷饮服务	5206.6	652.3	1472.5
茶馆服务	1406.9	95.2	200.9
咖啡馆服务	660.7	243.4	721.7
酒吧服务	1417.9	19.4	141.3
其他饮料及冷饮服务	1721.0	294.3	408.6
餐饮配送及外卖送餐服务	9940.2	2770.5	4432.3
餐饮配送服务	9284.1	2273.9	2766.5
外卖送餐服务	656.1	496.6	1665.8
其他餐饮业	14079.3	5238.1	6141.3
小吃服务	3810.9	1659.8	1919.1
其他未列明餐饮业	10268.4	3578.4	4222.2
按登记注册类型分组			
内资企业	1628140.0	1322500.3	696139.5
国有企业	30848.6	26093.2	15828.8
集体企业	10137.2	8184.7	3148.0
股份合作企业	173.6	24.3	443.8
联营企业			
国有联营企业			
集体联营企业			
国有与集体联营企业			
其他联营企业			
有限责任公司	356498.7	381503.6	128833.0
国有独资公司	9076.4	7516.0	5806.0
其他有限责任公司	347422.4	373987.7	123027.0
股份有限公司	27930.1	26903.3	4775.3
私营企业	1201641.7	879481.2	542808.3
私营独资企业	60261.2	34140.7	42259.2
私营合伙企业	912.7	518.6	1740.3
私营有限责任公司	1096275.7	813034.7	485473.3
私营股份有限公司	44192.2	31787.2	13335.5
其他企业	910.2	310.0	302.4
港、澳、台商投资企业	20292.2	15163.7	21946.4
与港澳台商合资经营企业			
与港澳台商合作经营企业			
港澳台商独资经营企业	20292.2	15163.7	21946.4
港澳台商投资股份有限公司			
其他港澳台投资企业			
外商投资企业	17896.2	8550.7	63583.2
中外合资经营企业			
中外合作经营企业			
外资企业	17896.2	8550.7	63583.2
外商投资股份有限公司			
其他外商投资			

2-A-8 限额以上餐饮业法人企业财务状况

单位：万元

分组	资产总计	负债合计	营业收入
餐饮业	**1020606.0**	**961226.9**	**538821.1**
按国民经济行业分组			
正餐服务	966181.9	929175.1	438442.0
快餐服务	53729.8	31396.8	99423.3
饮料及冷饮服务			
茶馆服务			
咖啡馆服务			
酒吧服务			
其他饮料及冷饮服务			
餐饮配送及外卖送餐服务	550.3	626.6	663.6
餐饮配送服务	550.3	626.6	663.6
外卖送餐服务			
其他餐饮业	144.0	28.4	292.2
小吃服务	144.0	28.4	292.2
其他未列明餐饮业			
按登记注册类型分组			
内资企业	983125.4	938559.5	453473.9
国有企业	17953.5	11924.3	10311.0
集体企业	8208.4	6830.9	3012.0
股份合作企业	153.6	21.8	443.8
联营企业			
国有联营企业			
集体联营企业			
国有与集体联营企业			
其他联营企业			
有限责任公司	261474.7	299820.9	86851.1
国有独资公司	6356.2	5055.9	2459.3
其他有限责任公司	255118.5	294765.0	84391.8
股份有限公司	19988.1	23869.0	2841.4
私营企业	675347.1	596092.6	350014.6
私营独资企业	37092.8	25573.7	24460.3
私营合伙企业	282.0	105.9	674.8
私营有限责任公司	601555.9	542690.5	316302.4
私营股份有限公司	36416.4	27722.5	8577.1
其他企业			
港、澳、台商投资企业	20292.2	15163.7	21946.4
与港澳台商合资经营企业			
与港澳台商合作经营企业			
港澳台商独资经营企业	20292.2	15163.7	21946.4
港澳台商投资股份有限公司			
其他港澳台投资企业			
外商投资企业	17188.4	7503.7	63400.8
中外合资经营企业			
中外合作经营企业			
外资企业	17188.4	7503.7	63400.8
外商投资股份有限公司			
其他外商投资			
按单位规模分组			
大型	40604.5	24900.4	97152.4
中型	295928.1	355896.2	188316.3
小型	665703.4	564993.5	244774.6
微型	18370.0	15436.8	8577.8

B. 地区部分

2-B-1　分地区住宿业法人企业基本情况

地　区	法人单位数 (个)	从业人员期末人数 (人)
全　省	**2769**	**55149**
太原市	929	17039
大同市	219	5030
阳泉市	60	1386
长治市	188	4999
晋城市	162	3461
朔州市	82	1438
晋中市	337	5914
运城市	231	3942
忻州市	169	4013
临汾市	253	5064
吕梁市	139	2863

2-B-2　分地区住宿业法人企业基本情况(按国民经济行业分)

(旅游饭店)

地　区	法人单位数 (个)	从业人员期末人数 (人)
全　省	**548**	**25417**
太原市	200	8950
大同市	44	3436
阳泉市	5	801
长治市	15	1897
晋城市	28	1868
朔州市	10	395
晋中市	77	2024
运城市	45	1555
忻州市	34	1051
临汾市	66	2684
吕梁市	24	756

2-B-2 续表 1

(一般旅馆)

地 区	法人单位数 (个)	从业人员期末人数 (人)
全 省	**1883**	**26913**
太原市	585	7482
大同市	164	1546
阳泉市	50	553
长治市	160	3039
晋城市	99	1219
朔州市	69	1023
晋中市	216	3473
运城市	167	1948
忻州市	116	2755
临汾市	155	1924
吕梁市	102	1951

2-B-2 续表 2

(民宿服务)

地 区	法人单位数 (个)	从业人员期末人数 (人)
全 省	**36**	**206**
太原市	8	70
大同市	3	18
阳泉市		
长治市	5	
晋城市	13	55
朔州市		
晋中市	2	4
运城市		
忻州市		
临汾市	4	19
吕梁市	1	40

2-B-2　续表 3

(露营地服务)

地　区	法人单位数 (个)	从业人员期末人数 (人)
全　省	**4**	**60**
太原市		
大同市		
阳泉市		
长治市	1	
晋城市		
朔州市		
晋中市	1	
运城市		
忻州市	1	58
临汾市	1	2
吕梁市		

2-B-2　续表 4

(其他住宿业)

地　区	法人单位数 (个)	从业人员期末人数 (人)
全　省	**298**	**2553**
太原市	136	537
大同市	8	30
阳泉市	5	32
长治市	7	63
晋城市	22	319
朔州市	3	20
晋中市	41	413
运城市	19	439
忻州市	18	149
临汾市	27	435
吕梁市	12	116

2-B-3 分地区住宿业法人企业基本情况(按登记注册类型分)

(内资企业)

地 区	法人单位数 (个)	从业人员期末人数 (人)
全 省	**2765**	**55126**
太原市	926	17016
大同市	219	5030
阳泉市	60	1386
长治市	188	4999
晋城市	161	3461
朔州市	82	1438
晋中市	337	5914
运城市	231	3942
忻州市	169	4013
临汾市	253	5064
吕梁市	139	2863

2-B-3 续表 1

(国有企业)

地 区	法人单位数 (个)	从业人员期末人数 (人)
全 省	**110**	**8709**
太原市	39	4372
大同市		
阳泉市	3	35
长治市	11	1101
晋城市	7	442
朔州市	1	57
晋中市	7	225
运城市	4	243
忻州市	15	841
临汾市	16	589
吕梁市	7	804

2-B-3　续表 2

(集体企业)

地　区	法人单位数 (个)	从业人员期末人数 (人)
全　省	**57**	**865**
太原市	15	259
大同市	2	14
阳泉市	3	31
长治市	5	119
晋城市	6	62
朔州市		
晋中市	4	29
运城市	2	22
忻州市	9	241
临汾市	6	31
吕梁市	5	57

2-B-3　续表 3

(股份合作企业)

地　区	法人单位数 (个)	从业人员期末人数 (人)
全　省	**3**	**57**
太原市	1	41
大同市	1	6
阳泉市		
长治市		
晋城市		
朔州市		
晋中市		
运城市		
忻州市	1	10
临汾市		
吕梁市		

2-B-3 续表 4

(联营企业)

地 区	法人单位数(个)	从业人员期末人数(人)
全 省	**1**	**4**
太原市		
大同市		
阳泉市		
长治市		
晋城市	1	4
朔州市		
晋中市		
运城市		
忻州市		
临汾市		
吕梁市		

2-B-3 续表 5

(有限责任公司)

地 区	法人单位数(个)	从业人员期末人数(人)
全 省	**290**	**12727**
太原市	113	4209
大同市	34	1819
阳泉市	10	729
长治市	26	868
晋城市	15	1193
朔州市	2	26
晋中市	32	1261
运城市	22	816
忻州市	14	908
临汾市	16	701
吕梁市	6	197

2-B-3　续表 6

(股份有限公司)

地　区	法人单位数(个)	从业人员期末人数(人)
全　省	**40**	**1159**
太原市	13	236
大同市	2	2
阳泉市	2	30
长治市	2	109
晋城市		
朔州市	1	12
晋中市	5	219
运城市	6	398
忻州市	9	153
临汾市		
吕梁市		

2-B-3　续表 7

(私营企业)

地　区	法人单位数(个)	从业人员期末人数(人)
全　省	**2238**	**31494**
太原市	745	7899
大同市	179	3189
阳泉市	42	561
长治市	143	2802
晋城市	114	1696
朔州市	77	1342
晋中市	288	4180
运城市	197	2463
忻州市	120	1849
临汾市	213	3743
吕梁市	120	1770

2-B-3 续表 8

(其他企业)

地 区	法人单位数 (个)	从业人员期末人数 (人)
全 省	**26**	**111**
太原市		
大同市	1	
阳泉市		
长治市	1	
晋城市	18	64
朔州市	1	1
晋中市	1	
运城市		
忻州市	1	11
临汾市	2	
吕梁市	1	35

2-B-3 续表 9

(港、澳、台商投资企业)

地 区	法人单位数 (个)	从业人员期末人数 (人)
全 省	**1**	
太原市	1	
大同市		
阳泉市		
长治市		
晋城市		
朔州市		
晋中市		
运城市		
忻州市		
临汾市		
吕梁市		

2-B-3　续表 10

(外商投资企业)

地　区	法人单位数(个)	从业人员期末人数(人)
全　省	**3**	**23**
太原市	2	23
大同市		
阳泉市		
长治市		
晋城市	1	
朔州市		
晋中市		
运城市		
忻州市		
临汾市		
吕梁市		

2-B-4　分地区住宿业法人企业基本情况(按星级分)

(一星)

地　区	法人单位数(个)	从业人员期末人数(人)
全　省	**43**	**422**
太原市	7	33
大同市	5	56
阳泉市		
长治市	2	8
晋城市	4	31
朔州市	4	11
晋中市	3	65
运城市	4	32
忻州市	3	39
临汾市	7	98
吕梁市	4	49

2-B-4 续表 1

(二星)

地 区	法人单位数 (个)	从业人员期末人数 (人)
全 省	**93**	**1688**
太原市	15	218
大同市	9	204
阳泉市	2	9
长治市	9	142
晋城市	4	81
朔州市	4	127
晋中市	15	298
运城市	9	63
忻州市	13	181
临汾市	9	359
吕梁市	4	6

2-B-4 续表 2

(三星)

地 区	法人单位数 (个)	从业人员期末人数 (人)
全 省	**226**	**8598**
太原市	62	2841
大同市	10	533
阳泉市	4	379
长治市	17	1081
晋城市	13	418
朔州市	2	64
晋中市	44	1006
运城市	29	995
忻州市	16	434
临汾市	17	610
吕梁市	12	237

2-B-4　续表 3

(四星)

地　区	法人单位数（个）	从业人员期末人数（人）
全　省	**107**	**7111**
太原市	24	1202
大同市	13	846
阳泉市	1	136
长治市	8	671
晋城市	8	999
朔州市	4	29
晋中市	18	817
运城市	10	547
忻州市	7	599
临汾市	9	586
吕梁市	5	679

2-B-4　续表 4

(五星)

地　区	法人单位数（个）	从业人员期末人数（人）
全　省	**40**	**4866**
太原市	10	2364
大同市	3	843
阳泉市	2	11
长治市	3	426
晋城市	3	406
朔州市	1	17
晋中市	9	257
运城市	2	157
忻州市	1	130
临汾市	3	249
吕梁市	3	6

2-B-4 续表 5

(其他)

地 区	法人单位数(个)	从业人员期末人数(人)
全 省	**2260**	**32464**
太原市	811	10381
大同市	179	2548
阳泉市	51	851
长治市	149	2671
晋城市	130	1526
朔州市	67	1190
晋中市	248	3471
运城市	177	2148
忻州市	129	2630
临汾市	208	3162
吕梁市	111	1886

2-B-5 分地区住宿业法人企业财务状况

单位：万元

地 区	资产总计	负债合计	营业收入
全 省	**2474569.4**	**1919898.6**	**589824.5**
太原市	638568.7	480579.0	230560.3
大同市	197147.6	149564.3	52258.4
阳泉市	86495.7	103062.6	11936.9
长治市	212618.4	131614.5	43681.8
晋城市	132547.3	136307.9	26223.5
朔州市	111501.3	42788.9	15031.0
晋中市	295583.2	243590.5	58133.6
运城市	149007.5	99794.0	38184.6
忻州市	201101.6	138330.4	35162.7
临汾市	227018.6	211426.5	42457.6
吕梁市	222979.5	182839.9	36194.2

2-B-6　分地区住宿业法人企业财务状况(按国民经济行业分)

(旅游饭店)　　　　单位：万元

地　区	资产总计	负债合计	营业收入
全　省	**1471108.2**	**1243385.0**	**299460.5**
太原市	443808.3	325876.9	131500.6
大同市	160834.0	131300.0	41009.4
阳泉市	67577.4	87817.2	7110.5
长治市	104341.5	75299.8	11897.3
晋城市	102102.7	112701.3	15956.9
朔州市	75114.6	28020.3	5139.8
晋中市	116926.3	103257.2	21024.8
运城市	56572.7	34358.3	14803.4
忻州市	64091.5	48265.2	9388.0
临汾市	166931.2	174174.6	23441.7
吕梁市	112808.1	122314.1	18188.1

2-B-6　续表 1

(一般旅馆)　　　　单位：万元

地　区	资产总计	负债合计	营业收入
全　省	**913680.6**	**614816.5**	**264152.1**
太原市	181695.0	146854.4	93015.6
大同市	35892.8	18001.5	10933.9
阳泉市	17937.5	14582.0	4359.5
长治市	106890.0	56026.3	31172.5
晋城市	25947.2	21059.6	9120.1
朔州市	34247.3	14741.3	9814.2
晋中市	165028.0	135599.8	29816.8
运城市	80809.0	45311.2	18754.5
忻州市	118469.5	83514.2	24127.4
临汾市	54687.5	35195.0	15846.9
吕梁市	92076.8	43931.1	17190.7

2-B-6 续表 2

(民宿服务) 单位：万元

地 区	资产总计	负债合计	营业收入
全 省	**5641.9**	**1175.9**	**2300.9**
太原市	2035.4	479.8	1026.1
大同市	398.7	101.1	184.5
阳泉市			
长治市	606.4	71.5	116.6
晋城市	1080.6	295.1	300.2
朔州市			
晋中市	12.9	1.0	109.2
运城市			
忻州市			
临汾市	1386.5	222.0	261.0
吕梁市	121.3	5.4	303.3

2-B-6 续表 3

(露营地服务) 单位：万元

地 区	资产总计	负债合计	营业收入
全 省	**8971.7**	**4112.6**	**72.0**
太原市			
大同市			
阳泉市			
长治市	99.4		
晋城市			
朔州市			
晋中市			
运城市			
忻州市	8872.2	4112.6	72.0
临汾市			
吕梁市			

2-B-6　续表 4

(其他住宿业)　　　　单位：万元

地　区	资产总计	负债合计	营业收入
全　省	**75167.1**	**56408.6**	**23839.0**
太原市	11030.0	7367.9	5018.0
大同市	22.2	161.7	130.5
阳泉市	980.8	663.4	466.9
长治市	681.0	216.9	495.5
晋城市	3416.8	2251.9	846.3
朔州市	2139.4	27.4	77.1
晋中市	13616.0	4732.5	7182.7
运城市	11625.8	20124.4	4626.8
忻州市	9668.5	2438.5	1575.3
临汾市	4013.4	1835.0	2908.0
吕梁市	17973.2	16589.2	512.0

2-B-7　分地区住宿业法人企业财务状况(按登记注册类型分)

(内资企业)　　　　单位：万元

地　区	资产总计	负债合计	营业收入
全　省	**2472458.7**	**1919075.3**	**589124.8**
太原市	636458.0	479755.8	229860.5
大同市	197147.6	149564.3	52258.4
阳泉市	86495.7	103062.6	11936.9
长治市	212618.4	131614.5	43681.8
晋城市	132547.3	136307.9	26223.5
朔州市	111501.3	42788.9	15031.0
晋中市	295583.2	243590.5	58133.6
运城市	149007.5	99794.0	38184.6
忻州市	201101.6	138330.4	35162.7
临汾市	227018.6	211426.5	42457.6
吕梁市	222979.5	182839.9	36194.2

2-B-7 续表 1

(国有企业) 单位：万元

地 区	资产总计	负债合计	营业收入
全 省	**354227.6**	**275634.9**	**92515.6**
太原市	203518.4	173985.6	58644.0
大同市			
阳泉市	343.8	1073.5	49.4
长治市	18374.6	7212.0	6357.5
晋城市	14197.2	11834.5	2389.9
朔州市	729.4	379.4	178.0
晋中市	5556.0	12222.7	1949.9
运城市	6269.6	8217.9	2518.6
忻州市	46821.4	36849.2	7920.1
临汾市	11125.9	6110.7	4397.4
吕梁市	47291.4	17749.5	8110.8

2-B-7 续表 2

(集体企业) 单位：万元

地 区	资产总计	负债合计	营业收入
全 省	**27567.9**	**17394.1**	**6757.9**
太原市	2612.3	5269.2	2330.9
大同市	506.7	16.7	91.1
阳泉市	1305.8	285.1	86.6
长治市	6980.7	2627.9	671.5
晋城市	2864.7	2882.2	685.7
朔州市			
晋中市	179.1	91.0	149.1
运城市	318.3	28.1	40.5
忻州市	12074.4	5713.8	2183.6
临汾市	594.9	232.0	363.5
吕梁市	131.1	248.0	155.4

2-B-7　续表 3

(股份合作企业)　　单位：万元

地　区	资产总计	负债合计	营业收入
全　省	**1304.3**	**2423.8**	**187.8**
太原市	99.4	277.3	8.3
大同市	4.9	146.6	29.6
阳泉市			
长治市			
晋城市			
朔州市			
晋中市			
运城市			
忻州市	1200.0	2000.0	150.0
临汾市			
吕梁市			

2-B-7　续表 4

(联营企业)　　单位：万元

地　区	资产总计	负债合计	营业收入
全　省	**183.1**	**16.9**	**37.3**
太原市			
大同市			
阳泉市			
长治市			
晋城市	183.1	16.9	37.3
朔州市			
晋中市			
运城市			
忻州市			
临汾市			
吕梁市			

2-B-7 续表 5

(有限责任公司) 单位：万元

地 区	资产总计	负债合计	营业收入
全 省	**576461.2**	**520011.6**	**145755.9**
太原市	176090.4	117832.0	60279.2
大同市	54365.8	60704.9	24852.8
阳泉市	61366.3	75931.8	6144.0
长治市	9498.9	5948.5	7800.5
晋城市	40656.4	58462.0	9973.4
朔州市	59343.7	9984.4	2819.5
晋中市	89920.9	89940.7	9726.0
运城市	18056.3	25228.2	9043.8
忻州市	40710.1	28855.2	8021.5
临汾市	21709.6	41988.1	5269.2
吕梁市	4742.8	5135.7	1825.9

2-B-7 续表 6

(股份有限公司) 单位：万元

地 区	资产总计	负债合计	营业收入
全 省	**101091.0**	**54670.8**	**12887.8**
太原市	4278.3	5709.4	3756.6
大同市	59629.3	27269.3	
阳泉市	295.9	314.3	148.4
长治市	1447.3	2872.0	916.9
晋城市			
朔州市	710.0		43.5
晋中市	9061.6	7811.5	1451.6
运城市	16767.1	9275.0	4580.6
忻州市	8901.7	1419.4	1990.1
临汾市			
吕梁市			

2-B-7 续表 7

(私营企业)　　单位：万元

地　区	资产总计	负债合计	营业收入
全　省	**1409725.0**	**1048635.9**	**330684.1**
太原市	249859.2	176682.3	104841.6
大同市	81940.9	61426.9	27284.8
阳泉市	23184.0	25458.1	5508.5
长治市	176317.0	112954.1	27935.5
晋城市	73491.6	62838.8	12879.2
朔州市	50718.2	32425.1	11985.1
晋中市	190865.6	133524.5	44857.0
运城市	107596.3	57044.8	22001.0
忻州市	91383.8	63479.0	14885.0
临汾市	193588.2	163095.7	32427.5
吕梁市	170780.2	159706.7	26079.0

2-B-7 续表 8

(其他企业)　　单位：万元

地　区	资产总计	负债合计	营业收入
全　省	**1898.5**	**287.4**	**298.4**
太原市			
大同市	700.0		
阳泉市			
长治市			
晋城市	1154.3	273.6	258.1
朔州市			4.9
晋中市			
运城市			
忻州市	10.2	13.8	12.5
临汾市			
吕梁市	34.0		23.0

2-B-7 续表 9

(外商投资企业) 单位：万元

地 区	资产总计	负债合计	营业收入
全 省	**2110.7**	**823.2**	**699.8**
太原市	2110.7	823.2	699.8
大同市			
阳泉市			
长治市			
晋城市			
朔州市			
晋中市			
运城市			
忻州市			
临汾市			
吕梁市			

2-B-8 分地区住宿业法人企业财务状况(按星级分)

(一星) 单位：万元

地 区	资产总计	负债合计	营业收入
全 省	**21263.1**	**16392.4**	**3609.0**
太原市	121.8	91.5	214.0
大同市	131.6	470.8	277.1
阳泉市			
长治市	615.0	313.7	3.3
晋城市	161.7	67.9	330.2
朔州市	140.2	150.0	58.5
晋中市	404.6	351.2	341.8
运城市	2251.8	1982.0	965.3
忻州市	1431.0	2020.0	581.6
临汾市	15484.0	10739.7	395.4
吕梁市	521.4	205.5	441.8

2-B-8　续表 1

(二星)　单位：万元

地　区	资产总计	负债合计	营业收入
全　省	**48749.3**	**29420.3**	**13579.5**
太原市	3301.3	1754.2	3137.0
大同市	6645.4	697.6	1414.4
阳泉市	83.5	13.5	45.2
长治市	11636.2	2323.7	1216.1
晋城市	1737.1	1178.8	358.2
朔州市	9862.4	13301.2	538.3
晋中市	5665.0	5244.2	2788.1
运城市	934.3	286.4	499.5
忻州市	3045.3	651.3	1443.3
临汾市	5419.4	3852.5	2096.1
吕梁市	419.3	117.0	43.4

2-B-8　续表 2

(三星)　单位：万元

地　区	资产总计	负债合计	营业收入
全　省	**298343.8**	**288210.7**	**85648.7**
太原市	115746.0	109690.0	37263.6
大同市	13780.5	6626.9	5053.7
阳泉市	23485.4	47924.1	3659.4
长治市	28425.0	16963.3	9664.7
晋城市	11414.6	9944.6	2441.0
朔州市	1201.1	2375.5	728.2
晋中市	34271.3	32849.1	9761.8
运城市	24815.2	20656.4	7450.2
忻州市	11949.5	2686.2	3820.8
临汾市	20426.8	29671.0	5091.3
吕梁市	12828.6	8823.6	714.0

2-B-8 续表 3

(四星) 单位：万元

地 区	资产总计	负债合计	营业收入
全 省	**373620.8**	**297859.3**	**79060.7**
太原市	45914.9	40408.8	15213.6
大同市	34658.9	36204.9	12320.4
阳泉市	8164.8	10572.7	1339.7
长治市	12362.1	12699.3	3688.4
晋城市	43327.6	61623.6	8641.5
朔州市	67472.4	9984.4	2854.3
晋中市	67435.8	57462.6	11047.1
运城市	23288.5	18594.2	5649.0
忻州市	10771.7	14191.0	4933.6
临汾市	12992.3	18426.2	5455.9
吕梁市	47231.9	17691.6	7917.3

2-B-8 续表 4

(五星) 单位：万元

地 区	资产总计	负债合计	营业收入
全 省	**382348.3**	**253618.2**	**67171.3**
太原市	190699.0	62542.3	36866.8
大同市	34994.1	38235.7	15350.5
阳泉市	35.2	21.4	57.9
长治市	84074.3	58329.6	1321.4
晋城市	16084.5	26331.0	2327.5
朔州市	99.1	123.8	7.8
晋中市	3969.8	2341.3	6567.5
运城市	13630.7	8187.3	1077.6
忻州市	10850.9	5266.8	1323.8
临汾市	27466.4	52213.6	2269.0
吕梁市	444.2	25.5	1.5

2-B-8　续表 5

(其他)　　单位：万元

地　区	资产总计	负债合计	营业收入
全　省	**1350244.2**	**1034397.7**	**340755.4**
太原市	282785.7	266092.3	137865.3
大同市	106937.2	67328.5	17842.3
阳泉市	54726.8	44530.9	6834.7
长治市	75505.8	40984.9	27787.9
晋城市	59821.8	37161.9	12125.1
朔州市	32726.1	16854.1	10843.9
晋中市	183836.8	145342.1	27627.3
运城市	84087.0	50087.8	22543.1
忻州市	163053.3	113515.0	23059.7
临汾市	145229.7	96523.6	27149.9
吕梁市	161534.0	155976.7	27076.2

2-B-9　分地区餐饮业法人企业基本情况

地　区	法人单位数(个)	从业人员期末人数(人)	年末餐饮营业面积(万平方米)
全　省	**5643**	**73027**	**328.0**
太原市	2547	27499	101.5
大同市	381	11912	49.3
阳泉市	122	2829	12.4
长治市	437	4513	26.9
晋城市	278	4534	19.7
朔州市	183	3562	21.3
晋中市	426	4033	22.8
运城市	551	3536	21.6
忻州市	147	3209	15.2
临汾市	329	2678	13.8
吕梁市	242	4722	23.6

2-B-10 分地区餐饮业法人企业基本情况(按国民经济行业分)

(正餐服务)

地 区	法人单位数 (个)	从业人员期末人数 (人)	年末餐饮营业面积 (万平方米)
全 省	**4987**	**63941**	**309.9**
太原市	2238	20936	93.0
大同市	338	11540	47.4
阳泉市	113	2810	12.3
长治市	406	4091	25.6
晋城市	241	4253	18.5
朔州市	163	3347	20.8
晋中市	380	3857	22.2
运城市	497	3381	21.1
忻州市	131	3113	15.0
临汾市	277	2337	12.8
吕梁市	203	4276	21.3

2-B-10 续表 1

(快餐服务)

地 区	法人单位数 (个)	从业人员期末人数 (人)	年末餐饮营业面积 (万平方米)
全 省	**219**	**7169**	**9.3**
太原市	110	6013	5.9
大同市	21	306	1.5
阳泉市	4	11	0.1
长治市	5	170	0.3
晋城市	12	146	0.4
朔州市	7	147	0.2
晋中市	8	37	0.1
运城市	17	53	0.2
忻州市	7	32	0.1
临汾市	22	203	0.6
吕梁市	6	51	0.1

2-B-10　续表 2

(饮料及冷饮服务)

地　区	法人单位数(个)	从业人员期末人数(人)	年末餐饮营业面积(万平方米)
全　省	**65**	**234**	**1.0**
太原市	29	121	0.5
大同市	3	5	0.1
阳泉市			
长治市	4	25	0.1
晋城市	3	5	
朔州市	1	2	
晋中市	8	33	0.1
运城市	5	13	
忻州市	1	1	
临汾市	6	22	0.1
吕梁市	5	7	0.1

2-B-10　续表 3

(餐饮配送及外卖送餐服务)

地　区	法人单位数(个)	从业人员期末人数(人)	年末餐饮营业面积(万平方米)
全　省	**68**	**440**	**0.9**
太原市	6	11	
大同市	8	23	0.2
阳泉市	3	6	
长治市	8	152	0.1
晋城市	3		
朔州市	3	27	
晋中市	7	40	0.1
运城市	8	15	0.1
忻州市	5	45	
临汾市	9	53	0.1
吕梁市	8	68	0.3

2-B-10 续表 4

(其他餐饮业)

地 区	法人单位数 (个)	从业人员期末人数 (人)	年末餐饮营业面积 (万平方米)
全 省	**304**	**1243**	**6.8**
太原市	164	418	2.0
大同市	11	38	0.1
阳泉市	2	2	
长治市	14	75	0.8
晋城市	19	130	0.8
朔州市	9	39	0.2
晋中市	23	66	0.3
运城市	24	74	0.3
忻州市	3	18	0.1
临汾市	15	63	0.3
吕梁市	20	320	1.9

2-B-11 分地区餐饮业法人企业基本情况(按登记注册类型分)

(内资企业)

地 区	法人单位数 (个)	从业人员期末人数 (人)	年末餐饮营业面积 (万平方米)
全 省	**5633**	**68190**	**323.4**
太原市	2538	22662	96.9
大同市	381	11912	49.3
阳泉市	122	2829	12.4
长治市	437	4513	26.9
晋城市	278	4534	19.7
朔州市	183	3562	21.3
晋中市	425	4033	22.8
运城市	551	3536	21.6
忻州市	147	3209	15.2
临汾市	329	2678	13.8
吕梁市	242	4722	23.6

2-B-11　续表 1

(国有企业)

地　区	法人单位数（个）	从业人员期末人数（人）	年末餐饮营业面积（万平方米）
全　省	**53**	**2015**	**8.0**
太原市	21	621	2.7
大同市	5	207	0.7
阳泉市	5	148	0.2
长治市	3	72	0.4
晋城市	1	37	0.2
朔州市			
晋中市	1	36	
运城市	2	23	0.3
忻州市	6	284	1.3
临汾市	2		0.1
吕梁市	7	587	2.1

2-B-11　续表 2

(集体企业)

地　区	法人单位数（个）	从业人员期末人数（人）	年末餐饮营业面积（万平方米）
全　省	**20**	**388**	**1.4**
太原市	6	13	
大同市	3	31	
阳泉市	2	154	0.6
长治市	1	5	0.1
晋城市	2	40	0.2
朔州市			
晋中市	2		
运城市	1	4	
忻州市			
临汾市	1	5	
吕梁市	2	136	0.6

2-B-11 续表 3

(股份合作企业)

地 区	法人单位数 (个)	从业人员期末人数 (人)	年末餐饮营业面积 (万平方米)
全 省	**2**	**45**	**0.2**
太原市	2	45	0.2
大同市			
阳泉市			
长治市			
晋城市			
朔州市			
晋中市			
运城市			
忻州市			
临汾市			
吕梁市			

2-B-11 续表 4

(有限责任公司)

地 区	法人单位数 (个)	从业人员期末人数 (人)	年末餐饮营业面积 (万平方米)
全 省	**519**	**11666**	**47.4**
太原市	267	4266	16.3
大同市	63	2671	9.8
阳泉市	15	594	0.6
长治市	36	619	3.9
晋城市	14	656	2.3
朔州市	3	196	1.1
晋中市	41	923	4.6
运城市	48	300	2.2
忻州市	11	716	3.2
临汾市	13	333	0.9
吕梁市	8	392	2.3

2-B-11　续表 5

(股份有限公司)

地　区	法人单位数 (个)	从业人员期末人数 (人)	年末餐饮营业面积 (万平方米)
全　省	**53**	**721**	**3.2**
太原市	17	71	0.7
大同市	4	92	0.2
阳泉市	3	183	1.1
长治市	8	24	0.4
晋城市	1	39	
朔州市	2	30	0.1
晋中市	8	76	0.2
运城市	5	28	0.1
忻州市	3	127	0.1
临汾市	1	16	0.1
吕梁市	1	35	0.1

2-B-11　续表 6

(私营企业)

地　区	法人单位数 (个)	从业人员期末人数 (人)	年末餐饮营业面积 (万平方米)
全　省	**4954**	**53213**	**260.8**
太原市	2223	17646	76.8
大同市	304	8905	38.5
阳泉市	97	1750	9.9
长治市	385	3781	22.1
晋城市	248	3705	15.4
朔州市	176	3303	19.9
晋中市	371	2998	18.0
运城市	495	3181	18.9
忻州市	122	2048	10.3
临汾市	310	2324	12.7
吕梁市	223	3572	18.4

2-B-11　续表 7

(其他企业)

地　区	法人单位数 (个)	从业人员期末人数 (人)	年末餐饮营业面积 (万平方米)
全　省	**32**	**142**	**2.2**
太原市	2		0.1
大同市	2	6	
阳泉市			
长治市	4	12	
晋城市	12	57	1.6
朔州市	2	33	0.1
晋中市	2		
运城市			
忻州市	5	34	0.3
临汾市	2		
吕梁市	1		

2-B-11　续表 8

(港、澳、台商投资企业)

地　区	法人单位数 (个)	从业人员期末人数 (人)	年末餐饮营业面积 (万平方米)
全　省	**3**	**1455**	**1.2**
太原市	2	1455	1.2
大同市			
阳泉市			
长治市			
晋城市			
朔州市			
晋中市	1		
运城市			
忻州市			
临汾市			
吕梁市			

2-B-11　续表 9

(外商投资企业)

地　区	法人单位数(个)	从业人员期末人数(人)	年末餐饮营业面积(万平方米)
全　省	**7**	**3382**	**3.4**
太原市	7	3382	3.4
大同市			
阳泉市			
长治市			
晋城市			
朔州市			
晋中市			
运城市			
忻州市			
临汾市			
吕梁市			

2-B-12　分地区餐饮业法人企业财务状况

单位：万元

地　区	资产总计	负债合计	营业收入
全　省	**1666328.4**	**1346214.6**	**781669.1**
太原市	472582.1	390560.9	382720.5
大同市	252601.9	275214.9	121677.4
阳泉市	85018.5	82953.7	22085.4
长治市	158577.1	112834.8	34658.6
晋城市	81317.7	73775.2	38465.3
朔州市	95186.9	51980.0	27258.4
晋中市	168434.9	127021.7	34439.3
运城市	84892.5	53358.7	31347.9
忻州市	82795.4	54403.4	31634.4
临汾市	45875.8	31170.8	18853.0
吕梁市	139045.7	92940.7	38529.1

2-B-13 分地区餐饮业法人企业财务状况(按国民经济行业分)

(正餐服务) 单位：万元

地　区	资产总计	负债合计	营业收入
全　省	**1575633.7**	**1300995.7**	**663045.9**
太原市	410566.7	358881.0	279931.8
大同市	250129.2	273976.5	119067.0
阳泉市	84406.2	82130.1	21947.9
长治市	154270.3	112270.0	32607.0
晋城市	79862.0	73063.1	36977.1
朔州市	94545.8	51458.8	26651.4
晋中市	166635.8	126494.1	33369.5
运城市	82610.9	51613.5	29476.8
忻州市	76319.9	53197.9	31312.2
临汾市	44227.5	29799.1	15630.9
吕梁市	132059.5	88111.5	36074.2

2-B-13 续表 1

(快餐服务) 单位：万元

地　区	资产总计	负债合计	营业收入
全　省	**61468.7**	**36557.9**	**106577.1**
太原市	51362.2	29137.7	99178.7
大同市	1221.8	829.0	1291.8
阳泉市	391.2	614.6	54.9
长治市	616.3	18.2	938.6
晋城市	874.1	694.1	1257.2
朔州市	448.6	407.3	210.0
晋中市	103.1	38.3	211.3
运城市	643.7	297.9	734.2
忻州市	233.7	0.1	48.1
临汾市	1081.9	1303.2	2143.1
吕梁市	4492.2	3217.5	509.3

2-B-13　续表 2

(饮料及冷饮服务)　　单位：万元

地　区	资产总计	负债合计	营业收入
全　省	**5206.6**	**652.3**	**1472.5**
太原市	3539.2	483.9	899.4
大同市	50.0		17.3
阳泉市			
长治市	366.8		26.0
晋城市	6.5	6.8	7.4
朔州市	50.0	48.3	10.6
晋中市	984.2	40.8	326.1
运城市	58.3	35.2	33.3
忻州市	10.0	8.0	
临汾市	111.9	25.6	106.5
吕梁市	29.7	3.6	45.9

2-B-13　续表 3

(餐饮配送及外卖送餐服务)　　单位：万元

地　区	资产总计	负债合计	营业收入
全　省	**9940.2**	**2770.5**	**4432.3**
太原市	13.7	13.0	72.6
大同市	564.7	138.1	1004.0
阳泉市	207.5	195.2	66.8
长治市	1693.2	431.5	906.5
晋城市	3.0		
朔州市	14.0	21.0	224.9
晋中市	314.5	104.9	244.1
运城市	119.3	2.2	242.4
忻州市	6134.0	1113.8	81.0
临汾市	106.3	2.0	823.1
吕梁市	770.0	748.9	767.0

2-B-13 续表 4

(其他餐饮业) 单位：万元

地 区	资产总计	负债合计	营业收入
全 省	**14079.3**	**5238.1**	**6141.3**
太原市	7100.4	2045.2	2637.9
大同市	636.3	271.3	297.4
阳泉市	13.5	13.8	15.7
长治市	1630.5	115.0	180.5
晋城市	572.1	11.2	223.7
朔州市	128.5	44.5	161.5
晋中市	397.3	343.6	288.3
运城市	1460.4	1409.9	861.2
忻州市	97.9	83.6	193.1
临汾市	348.2	40.8	149.4
吕梁市	1694.2	859.2	1132.7

2-B-14 分地区餐饮业法人企业财务状况(按登记注册类型分)

(内资企业) 单位：万元

地 区	资产总计	负债合计	营业收入
全 省	**1628140.0**	**1322500.3**	**696139.5**
太原市	434393.7	366846.5	297190.9
大同市	252601.9	275214.9	121677.4
阳泉市	85018.5	82953.7	22085.4
长治市	158577.1	112834.8	34658.6
晋城市	81317.7	73775.2	38465.3
朔州市	95186.9	51980.0	27258.4
晋中市	168434.9	127021.7	34439.3
运城市	84892.5	53358.7	31347.9
忻州市	82795.4	54403.4	31634.4
临汾市	45875.8	31170.8	18853.0
吕梁市	139045.7	92940.7	38529.1

2-B-14　续表 1

(国有企业)　　单位：万元

地　区	资产总计	负债合计	营业收入
全　省	**30848.6**	**26093.2**	**15828.8**
太原市	5657.9	5717.2	6695.8
大同市	995.8	201.3	1290.7
阳泉市	680.9	510.7	634.8
长治市	920.8	767.1	1577.6
晋城市	713.8	910.4	174.5
朔州市			
晋中市	6119.8	9297.1	6.2
运城市	990.0	97.4	528.1
忻州市	791.3	631.0	1159.1
临汾市	1087.9	995.4	175.4
吕梁市	12890.3	6965.6	3586.6

2-B-14　续表 2

(集体企业)　　单位：万元

地　区	资产总计	负债合计	营业收入
全　省	**10137.2**	**8184.7**	**3148.0**
太原市	801.6	514.1	51.3
大同市	179.7	185.8	271.1
阳泉市	5278.5	5647.7	708.6
长治市	13.5	3.8	21.6
晋城市	527.2	797.2	227.2
朔州市			
晋中市			
运城市	487.6	307.8	30.5
忻州市			
临汾市			15.6
吕梁市	2849.1	728.4	1822.1

2-B-14 续表 3

(股份合作企业) 单位：万元

地 区	资产总计	负债合计	营业收入
全 省	**173.6**	**24.3**	**443.8**
太原市	173.6	24.3	443.8
大同市			
阳泉市			
长治市			
晋城市			
朔州市			
晋中市			
运城市			
忻州市			
临汾市			
吕梁市			

2-B-14 续表 4

(有限责任公司) 单位：万元

地 区	资产总计	负债合计	营业收入
全 省	**356498.7**	**381503.6**	**128833.0**
太原市	91715.7	112050.9	58366.4
大同市	46529.0	66544.5	29819.6
阳泉市	14230.9	14293.6	4778.0
长治市	58154.0	48955.9	5202.1
晋城市	21224.8	27488.3	4515.4
朔州市	1433.5	1298.9	996.2
晋中市	69592.0	69593.3	9270.1
运城市	6857.7	2566.0	2454.8
忻州市	29852.4	27803.0	6648.9
临汾市	1141.1	514.2	973.6
吕梁市	15767.8	10395.0	5808.0

2-B-14　续表 5

(股份有限公司)　　单位：万元

地　区	资产总计	负债合计	营业收入
全　省	**27930.1**	**26903.3**	**4775.3**
太原市	1708.6	925.4	596.2
大同市	953.1	659.4	475.3
阳泉市	18582.4	22884.5	1178.4
长治市	148.0	30.3	430.5
晋城市	1425.7	1131.6	29.9
朔州市	195.2	66.6	194.3
晋中市	2443.7	283.4	472.9
运城市	139.1	42.6	136.9
忻州市	714.4	389.6	729.4
临汾市	1531.4	288.8	154.4
吕梁市	88.5	201.2	377.1

2-B-14　续表 6

(私营企业)　　单位：万元

地　区	资产总计	负债合计	营业收入
全　省	**1201641.7**	**879481.2**	**542808.3**
太原市	334336.4	247614.6	231037.3
大同市	203875.3	207624.0	89813.7
阳泉市	46245.8	39617.3	14785.6
长治市	99304.7	63075.1	27383.4
晋城市	57255.2	43317.7	33451.1
朔州市	93319.3	50550.0	25943.0
晋中市	90279.4	47847.8	24663.3
运城市	76418.2	50345.0	28197.6
忻州市	51057.3	25467.0	23064.0
临汾市	42114.6	29372.3	17534.0
吕梁市	107435.6	74650.5	26935.3

2-B-14 续表 7

(其他企业) 单位：万元

地 区	资产总计	负债合计	营业收入
全 省	**910.2**	**310.0**	**302.4**
太原市			
大同市	69.0		7.0
阳泉市			
长治市	36.1	2.5	43.5
晋城市	171.0	130.0	67.2
朔州市	238.9	64.5	124.9
晋中市			26.8
运城市			
忻州市	380.0	113.0	33.0
临汾市	0.8		
吕梁市	14.4		

2-B-14 续表 8

(港、澳、台商投资企业) 单位：万元

地 区	资产总计	负债合计	营业收入
全 省	**20292.2**	**15163.7**	**21946.4**
太原市	20292.2	15163.7	21946.4
大同市			
阳泉市			
长治市			
晋城市			
朔州市			
晋中市			
运城市			
忻州市			
临汾市			
吕梁市			

2-B-14　续表 9

(外商投资企业)　　单位：万元

地　区	资产总计	负债合计	营业收入
全　省	**17896.2**	**8550.7**	**63583.2**
太原市	17896.2	8550.7	63583.2
大同市			
阳泉市			
长治市			
晋城市			
朔州市			
晋中市			
运城市			
忻州市			
临汾市			
吕梁市			

第3篇

房地产开发经营业生产经营及财务状况篇

资料整理校对：郝志军

3-1 各地区按登记注册类型分

地　区	总　计	内资企业					
			国有企业	集体企业	股份合作企　业	国有联营企　业	集体联营企　业
全　省	**5149**	**5132**	**57**	**8**			
太原市	1722	1710	11	2			
大同市	349	349	7	2			
阳泉市	157	157	8	1			
长治市	461	461	7	1			
晋城市	271	270	4				
朔州市	142	141					
晋中市	459	457	5				
运城市	660	659	4				
忻州市	214	214	3				
临汾市	409	409	2	1			
吕梁市	305	305	6	1			

注：表3-1、3-2、3-3统计范围为全部房地产开发经营业法人单位，本篇其他表统计范围为有开发经营活动的房地产开发经营业法人单位。

3-1　续表

地　区			港、澳、台商投资企　业				
	私营股份有限公司	其他内资企　业		合资经营企业(港、澳、台资)	合作经营企业(港、澳、台资)	港、澳、台商独资经营企业	港、澳、台商投资股份有限公司
全　省	**71**		**8**	**5**		**2**	**1**
太原市	25		7	4		2	1
大同市	4						
阳泉市	5						
长治市	5						
晋城市	3						
朔州市	8						
晋中市	4						
运城市	10		1	1			
忻州市	4						
临汾市	3						
吕梁市							

房地产开发企业个数

单位：个

国有与集体联营企业	其他联营企业	国有独资公司	其他有限责任公司	股份有限公司	私营独资企业	私营合伙企业	私营有限责任公司
		74	**990**	**60**			**3872**
		39	403	26			1204
		4	69	6			257
		2	43	5			93
		15	103	6			324
		3	47	3			210
		2	17	1			113
		3	86	6			353
		2	76	1			566
		1	51	3			152
		2	67	3			331
		1	28				269

单位：个

其他港、澳、台投资企业	外商投资企业	中外合资经营企业	中外合作经营企业	外资企业	外商投资股份有限公司	其他外商投资企业
	9	**5**		**3**	**1**	
	5	3		2		
	1			1		
	1	1				
	2	1			1	

3-2 各地区按登记注册类型分

地 区	总 计	内资企业	国有企业	集体企业	股份合作企 业	国有联营企 业	集体联营企 业
全 省	**64645**	**64180**	**1658**	**457**			
太原市	21707	21294	412	128			
大同市	6422	6422	117	25			
阳泉市	2746	2746	116	248			
长治市	5474	5474	263				
晋城市	4139	4131	154				
朔州市	1861	1848					
晋中市	6290	6290	231				
运城市	5402	5371	93				
忻州市	2670	2670	50				
临汾市	5337	5337	87	12			
吕梁市	2597	2597	135	44			

3-2 续表

地 区	私营股份有限公司	其他内资企 业	港、澳、台商投资企 业	合资经营企业(港、澳、台资)	合作经营企业(港、澳、台资)	港、澳、台商独资经营企业	港、澳、台商投资股份有限公司
全 省	**783**		**198**	**94**		**60**	**44**
太原市	263		167	63		60	44
大同市	134						
阳泉市	54						
长治市	78						
晋城市	22						
朔州市	90						
晋中市	20						
运城市	55		31	31			
忻州市	35						
临汾市	32						
吕梁市							

房地产开发企业年末从业人数

单位：人

国有与集体联营企业	其他联营企业	国有独资公司	其他有限责任公司	股份有限公司	私营独资企业	私营合伙企业	私营有限责任公司
		2412	**17541**	**799**			**40530**
		1219	7838	268			11166
		196	1397	94			4459
		41	1003	51			1233
		144	1993	80			2916
		468	776	60			2651
		216	244	35			1263
		42	1306	102			4589
		17	761	22			4423
		14	670	16			1885
		43	1215	71			3877
		12	338				2068

单位：人

其他港、澳、台投资企业	外商投资企业	中外合资经营企业	中外合作经营企业	外资企业	外商投资股份有限公司	其他外商投资企业
	267	**68**		**199**		
	246	55		191		
	8			8		
	13	13				

3-3 各地区按登记注册类型分

地 区	总 计	内资企业					
			国有企业	集体企业	股份合作企 业	国有联营企 业	集体联营企 业
全 省	**140372115**	**138895327**	**1918656**	**50951**			
太原市	78278331	76857922	280452	5724			
大同市	12249677	12249677	395307	113			
阳泉市	4180220	4180220	55324	39595			
长治市	6705394	6705394	471662				
晋城市	5966317	5948241	64316				
朔州市	2153192	2135052					
晋中市	11349601	11349601	235965				
运城市	6402728	6382567	257899				
忻州市	2726560	2726560	18254				
临汾市	6613656	6613656	8559	1325			
吕梁市	3746436	3746436	30918	4195			

3-3 续表

地 区			港、澳、台商投资企 业				
	私营股份有限公司	其他内资企 业		合资经营企业(港、澳、台资)	合作经营企业(港、澳、台资)	港、澳、台商独资经营企业	港、澳、台商投资股份有限公司
全 省	**1379313**		**653871**	**191939**		**286314**	**175619**
太原市	862596		633710	171777		286314	175619
大同市	114662						
阳泉市	53819						
长治市	55005						
晋城市	37757						
朔州市	23281						
晋中市	2788						
运城市	114106		20162	20162			
忻州市	19075						
临汾市	96225						
吕梁市							

房地产开发企业资产总计

单位：万元

国有与集体联营企业	其他联营企业	国有独资公司	其他有限责任公司	股份有限公司	私营独资企业	私营合伙企业	私营有限责任公司
		13799960	**55385693**	**1873712**			**64487042**
		11916325	35712383	599604			27480839
		509178	4073883	188504			6968030
		160565	1965462	80567			1824889
		596838	2643748	80645			2857497
		195303	1293275	27458			4330132
		197557	417148	268636			1228431
		86562	4162189	430778			6381319
		91605	893196	10052			5015709
		537	1110140	33283			1545271
		37757	2304951	154186			4010653
		7732	809318				2844273

单位：万元

其他港、澳、台投资企业	外商投资企业	中外合资经营企业	中外合作经营企业	外资企业	外商投资股份有限公司	其他外商投资企业
	822917	**142322**		**680595**		
	786700	124181		662518		
	18077			18077		
	18140	18140				

3-4 房地产开发企业主要指标情况

指　　标	计量单位	2018年	2017年	2018年比2017年增减(%)
企业个数	**个**	**2418**	**2379**	**1.6**
大型企业	个	6	5	20.0
中型企业	个	420	390	7.7
小微型企业	个	1992	1984	0.4
资产总计	**亿元**	**12384**	**10479**	**18.2**
大型企业	亿元	281	269	4.5
中型企业	亿元	3798	3112	22.0
小微型企业	亿元	8306	7098	17.0
房屋建筑面积				
施工面积	万平方米	16947	16473	2.9
#住宅	万平方米	12315	11817	4.2
#办公楼	万平方米	496	549	-9.7
#商业营业用房	万平方米	1856	1980	-6.2
新开工面积	万平方米	3873	3306	17.1
#住宅	万平方米	2957	2411	22.6
#办公楼	万平方米	53	74	-28.4
#商业营业用房	万平方米	319	329	-3.2
竣工面积	万平方米	1408	1970	-28.5
#住宅	万平方米	1095	1414	-22.6
#办公楼	万平方米	16	85	-81.0
#商业营业用房	万平方米	127	228	-44.1
房屋竣工价值	**亿元**	**373**	**529**	**-29.6**
商品房销售				
商品房销售面积	万平方米	2361	2416	-2.3
#住宅	万平方米	2216	2246	-1.4
#办公楼	万平方米	33	43	-23.5
#商业营业用房	万平方米	71	81	-12.5
商品房销售额	亿元	1611	1357	18.7
#住宅	亿元	1473	1226	20.2
#办公楼	亿元	32	38	-14.3
#商业营业用房	亿元	83	74	11.1
商品房待售面积	万平方米	985	1226	-19.7
#住宅	万平方米	639	811	-21.2
#办公楼	万平方米	22	29	-23.1
#商业营业用房	万平方米	190	235	-19.3
负债合计	**亿元**	**10912**	**9107**	**19.8**

3-5　各地区按资质等级分房地产开发企业个数

单位：个

地　区	总　　计	一　　级	二　　级	三　　级	四　　级	暂　　定	其　　他
全　省	**2418**	**23**	**184**	**260**	**1116**	**778**	**57**
太原市	708	5	68	84	269	254	28
大同市	178	3	28	23	81	41	2
阳泉市	93	4	12	8	59	9	1
长治市	200	3	11	19	87	76	4
晋城市	93	1	14	9	54	15	
朔州市	84	1	5	13	36	27	2
晋中市	186	1	9	22	91	62	1
运城市	380	4	19	46	166	136	9
忻州市	164		3	8	103	48	2
临汾市	201	1	7	13	101	77	2
吕梁市	131		8	15	69	33	6

3-6　各地区按资质等级分房地产开发企业年末从业人数

单位：人

地　区	总　　计	一　　级	二　　级	三　　级	四　　级	暂　　定	其　　他
全　省	**52991**	**1556**	**8587**	**6682**	**21130**	**14365**	**671**
太原市	17880	234	3569	2831	5415	5499	332
大同市	5455	249	927	387	2261	1624	7
阳泉市	2396	368	511	119	1186	167	45
长治市	4316	216	706	499	1627	1217	51
晋城市	2629	82	893	254	1158	242	
朔州市	1534	40	140	227	792	291	44
晋中市	4949	78	539	748	2135	1429	20
运城市	4813	221	496	776	1968	1296	56
忻州市	2517		74	213	1437	771	22
临汾市	4481	68	503	324	2123	1443	20
吕梁市	2021		229	304	1028	386	74

3-7 各地区按资质等级分房地产开发企业资产总计

单位：万元

地　区	总　计	一　级	二　级	三　级	四　级	暂　定	其　他
全　省	**123844497**	**3919460**	**20110031**	**13851503**	**39068495**	**36743294**	**10151715**
太原市	69831198	362320	9111954	6012191	18282287	26267615	9794832
大同市	11136159	847859	2965769	1305163	3850260	2161899	5210
阳泉市	3800891	887374	1011900	184749	1580816	97222	38832
长治市	5601601	292580	1207314	740049	1789703	1497025	74931
晋城市	4683480	319586	1452609	786942	1793816	330527	
朔州市	1859271	67959	287728	387095	836196	273025	7268
晋中市	9533413	413577	1474955	1470411	3267425	2888535	18510
运城市	6073691	417054	1190805	1115439	2384508	864965	100920
忻州市	2621563		243080	275364	1566757	524483	11879
临汾市	5765676	311152	613212	948293	2364179	1521731	7109
吕梁市	2937555		550707	625808	1352548	316268	92224

3-8 各地区按用途分房地产开发企业房屋施工面积

单位：平方米

地　区	房屋施工面　　积	住　宅	#别墅、高档公　　寓	办公楼	商业营业用　　房	其　　他
全　省	**169471135**	**123145485**	**1414718**	**4958417**	**18563853**	**22803380**
太原市	61857336	44418268	1113561	3204092	5556852	8678124
大同市	13918641	8696287	43661	253570	2719735	2249049
阳泉市	4623331	3771177		16802	365789	469563
长治市	12445459	8906718	200	204214	1545779	1788748
晋城市	8643873	6209609		117786	718485	1597993
朔州市	3406739	2917297		112768	198814	177860
晋中市	16054037	11515353	104990	321346	1879126	2338212
运城市	16774679	13110723	95606	125644	1854932	1683380
忻州市	7680562	5623110	781	205476	1008303	843673
临汾市	15636091	11586166	51660	312384	1918479	1819062
吕梁市	8430387	6390777	4259	84335	797559	1157716

3-9　各地区按资质等级分房地产开发企业房屋施工面积

单位：平方米

地　区	总　计	一　级	二　级	三　级	四　级	暂　定	其　他
全　省	**169471135**	**5273334**	**23355313**	**19958781**	**66033197**	**52006457**	**2844053**
太原市	61857336	726371	6449869	6264524	19320008	27777603	1318961
大同市	13918641	594892	1654810	1003242	7002366	3663331	
阳泉市	4623331	1021991	1191931	225053	1758826	335011	90519
长治市	12445459	158294	3981179	1775872	2406266	3584981	538867
晋城市	8643873	605474	2125409	1465564	3884709	562717	
朔州市	3406739	39456	24876	294836	1883444	942962	221165
晋中市	16054037		2012581	2929855	6035728	5075873	
运城市	16774679	1473462	2040722	2714697	7204854	3136037	204907
忻州市	7680562		385238	775437	4904175	1610514	5198
临汾市	15636091	653394	2457992	1614286	6973749	3923695	12975
吕梁市	8430387		1030706	895415	4659072	1393733	451461

3-10　各地区按资质等级分房地产开发企业商品住宅施工面积

单位：平方米

地　区	总　计	一　级	二　级	三　级	四　级	暂　定	其　他
全　省	**123145485**	**3840491**	**16943716**	**14739190**	**45871691**	**39581275**	**2169122**
太原市	44418268	580512	4571956	4212715	12574887	21431862	1046336
大同市	8696287	413034	883358	726447	4146654	2526794	
阳泉市	3771177	702421	1078988	210104	1464284	235101	80279
长治市	8906718	116868	3017934	1217863	1497636	2593546	462871
晋城市	6209609	465321	1589665	1110348	2619527	424748	
朔州市	2917297	39456	13123	214197	1700746	771509	178266
晋中市	11515353		1335380	2204211	4295354	3680408	
运城市	13110723	1211093	1666533	2169728	5525195	2461174	77000
忻州市	5623110		297358	569859	3479451	1271244	5198
临汾市	11586166	311786	1763269	1312806	5055732	3132776	9797
吕梁市	6390777		726152	790912	3512225	1052113	309375

3-11 各地区按用途分房地产开发企业房屋新开工面积

单位：平方米

地 区	房屋新开工面 积	住 宅		办公楼	商业营业用 房	其 他
			#别墅、高档公 寓			
全 省	**38725376**	**29572355**	**342432**	**529111**	**3188353**	**5435557**
太原市	12565404	9530715	296600	325081	935485	1774123
大同市	3296466	2500993	42661	4820	267992	522661
阳泉市	713184	615732			53288	44164
长治市	2601999	1841429		55595	261776	443199
晋城市	1712715	1261218		34966	107574	308957
朔州市	1048403	828315			98507	121581
晋中市	5304750	4088298		12416	417801	786235
运城市	4223420	3295913		2738	445103	479666
忻州市	1164686	891429	781	83256	96874	93127
临汾市	3678893	2971508	2390	7439	335191	364755
吕梁市	2415456	1746805		2800	168762	497089

3-12 各地区按资质等级分房地产开发企业房屋新开工面积

单位：平方米

地 区	总 计	一 级	二 级	三 级	四 级	暂 定	其 他
全 省	**38725376**	**937758**	**3962981**	**2787345**	**13449683**	**17275156**	**312453**
太原市	12565404	5943	521039	483213	3633378	7784712	137119
大同市	3296466		539352	99522	1083237	1574355	
阳泉市	713184	180468	157838	44190	309180	21508	
长治市	2601999	71620	842553	33477	399714	1254635	
晋城市	1712715	130377	657651	60133	603195	261359	
朔州市	1048403				511307	399688	137408
晋中市	5304750		268559	991617	1690828	2353746	
运城市	4223420	490321	211637	696452	1708520	1078564	37926
忻州市	1164686		57367	16749	794775	295795	
临汾市	3678893	59029	489847	200548	1295317	1634152	
吕梁市	2415456		217138	161444	1420232	616642	

3-13　各地区按资质等级分房地产开发企业商品住宅新开工面积

单位：平方米

地　区	总　　计	一　　级	二　　级	三　　级	四　　级	暂　　定	其　　他
全　省	**29572355**	**629543**	**3105083**	**2237057**	**10371872**	**12986064**	**242736**
太原市	9530715	3109	449795	344814	2753539	5842752	136706
大同市	2500993		477570	96745	774625	1152053	
阳泉市	615732	128996	149838	40710	275457	20731	
长治市	1841429	44786	603107	29457	269005	895074	
晋城市	1261218	75660	463965	50878	462832	207883	
朔州市	828315				385436	336849	106030
晋中市	4088298		190150	772139	1450537	1675472	
运城市	3295913	376992	194073	578739	1344665	801444	
忻州市	891429		33039	11847	582094	264449	
临汾市	2971508		425850	156293	1054274	1335091	
吕梁市	1746805		117696	155435	1019408	454266	

3-14　各地区按用途分房地产开发企业房屋竣工面积

单位：平方米

地　区	房屋竣工面　　积	住　　宅	#别墅、高档公　　寓	办公楼	商业营业用　　房	其　　他
全　省	**14079469**	**10945022**	**32693**	**160423**	**1274122**	**1699902**
太原市	3836122	2943975	32493	87873	408849	395425
大同市	784949	516189		2586	103038	163136
阳泉市	625962	592087			27265	6610
长治市	1889035	1429555	200	9976	157650	291854
晋城市	2040280	1571679		216	206160	262225
朔州市	279889	226138			9665	44086
晋中市	767072	533699		8017	84602	140754
运城市	1834373	1483166		38441	154878	157888
忻州市	632667	573013		3700	24050	31904
临汾市	1001676	799695		5434	69834	126713
吕梁市	387444	275826		4180	28131	79307

3-15 各地区按资质等级分房地产开发企业房屋竣工面积

单位：平方米

地　区	总　　计	一　　级	二　　级	三　　级	四　　级	暂　　定	其　　他
全　省	**14079469**	**620856**	**1817621**	**3054719**	**4547626**	**3572666**	**465981**
太原市	3836122	224731	114131	1149303	877241	1470716	
大同市	784949		111027		231333	442589	
阳泉市	625962		326797		251830	47335	
长治市	1889035	16587	364853	349347	541151	617097	
晋城市	2040280		495642	727549	817089		
朔州市	279889					99946	179943
晋中市	767072			304544	361222	101306	
运城市	1834373	224515	110536	419874	705460	329086	44902
忻州市	632667			54421	406591	166457	5198
临汾市	1001676	155023	294635		345967	206051	
吕梁市	387444			49681	9742	92083	235938

3-16 各地区按资质等级分房地产开发企业商品住宅竣工面积

单位：平方米

地　区	总　　计	一　　级	二　　级	三　　级	四　　级	暂　　定	其　　他
全　省	**10945022**	**470812**	**1414296**	**2507594**	**3509819**	**2746750**	**295751**
太原市	2943975	135050		954213	599605	1255107	
大同市	516189		75841		183697	256651	
阳泉市	592087		326797		236160	29130	
长治市	1429555	15658	281705	324685	406424	401083	
晋城市	1571679		402441	581184	588054		
朔州市	226138					79681	146457
晋中市	533699			187078	268961	77660	
运城市	1483166	201048	79536	363473	569789	269320	
忻州市	573013			49164	371284	147367	5198
临汾市	799695	119056	247976		278108	154555	
吕梁市	275826			47797	7737	76196	144096

3-17　各地区按用途分房地产开发企业房屋竣工价值

单位：万元

地　区	房屋竣工价　值	住　宅	#别墅、高档公　　寓	办公楼	商业营业用　房	其　他
全　省	**3726053**	**2905706**	**14780**	**49645**	**418712**	**351990**
太原市	1247182	975758	14731	26358	132157	112909
大同市	272741	162581		701	70494	38965
阳泉市	153063	145194			6969	900
长治市	406193	305442	49	2374	55821	42556
晋城市	507052	403297		88	52679	50988
朔州市	72008	60679			3114	8215
晋中市	181159	126130		3600	27030	24399
运城市	431649	348545		13877	38677	30550
忻州市	126540	112179		880	6432	7049
临汾市	255508	212405		1554	19515	22034
吕梁市	72958	53496		213	5824	13425

3-18　各地区按资质等级分房地产开发企业房屋竣工价值

单位：万元

地　区	总　计	一　级	二　级	三　级	四　级	暂　定	其　他
全　省	**3726053**	**177139**	**428373**	**826917**	**1159922**	**1028334**	**105368**
太原市	1247182	59490	35300	379483	275690	497219	
大同市	272741		25681		87657	159403	
阳泉市	153063		89822		50441	12800	
长治市	406193	3850	36568	87951	131292	146532	
晋城市	507052		137044	170018	199990		
朔州市	72008					25359	46649
晋中市	181159			72774	88085	20300	
运城市	431649	58170	43388	87241	167156	64189	11505
忻州市	126540			20203	67112	38175	1050
临汾市	255508	55629	60570		90285	49024	
吕梁市	72958			9247	2214	15333	46164

3-19 各地区按资质等级分房地产开发企业商品住宅竣工价值

单位：万元

地区	总计	一级	二级	三级	四级	暂定	其他
全省	**2905706**	**141345**	**331812**	**688971**	**895335**	**778292**	**69951**
太原市	975758	40515		312275	198443	424525	
大同市	162581		18210		69863	74508	
阳泉市	145194		89822		46872	8500	
长治市	305442	3600	29224	83395	89438	99785	
晋城市	403297		111635	140031	151631		
朔州市	60679					20287	40392
晋中市	126130			50345	61157	14628	
运城市	348545	51474	31388	75718	138075	51890	
忻州市	112179			18329	57314	35486	1050
临汾市	212405	45756	51533		80784	34332	
吕梁市	53496			8878	1758	14351	28509

3-20 各地区房地产开发企业建造的房屋面积和造价

地区	房屋施工面积（平方米）	房屋竣工面积（平方米）	房屋竣工价值（万元）	房屋竣工造价（元/平方米）
全省	**169471135**	**14079469**	**3726053**	**2646**
太原市	61857336	3836122	1247182	3251
大同市	13918641	784949	272741	3475
阳泉市	4623331	625962	153063	2445
长治市	12445459	1889035	406193	2150
晋城市	8643873	2040280	507052	2485
朔州市	3406739	279889	72008	2573
晋中市	16054037	767072	181159	2362
运城市	16774679	1834373	431649	2353
忻州市	7680562	632667	126540	2000
临汾市	15636091	1001676	255508	2551
吕梁市	8430387	387444	72958	1883

3-21 各地区按用途分房地产开发企业商品房销售面积

单位：平方米

地 区	商品房销售面积	住 宅	#别墅、高档公寓	办公楼	商业营业用房	其 他
全 省	**23610186**	**22158597**	**532736**	**326075**	**706497**	**419017**
太原市	8425348	7743283	490489	245590	266520	169955
大同市	2482734	2393538	15016	7110	82086	
阳泉市	530956	511656			18935	365
长治市	2309250	2137676		27154	68878	75542
晋城市	884841	807807	1358		41591	35443
朔州市	814373	740256			40535	33582
晋中市	1972424	1926905		1001	29473	15045
运城市	2864201	2708486	11394	25043	91119	39553
忻州市	938035	901552	11111	2275	32895	1313
临汾市	1847172	1772577	3368	17902	18844	37849
吕梁市	540852	514861			15621	10370

3-22 各地区按资质等级分房地产开发企业商品房销售面积

单位：平方米

地 区	总 计	一 级	二 级	三 级	四 级	暂 定	其 他
全 省	**23610186**	**666643**	**3049141**	**2747896**	**8850159**	**7993263**	**303084**
太原市	8425348		661418	753669	2706241	4198892	105128
大同市	2482734		132940	75588	1034602	1239604	
阳泉市	530956	126745	217594	18840	121208	30700	15869
长治市	2309250	114119	954211	377754	461561	401605	
晋城市	884841	12584	250558	164030	422278	35391	
朔州市	814373	99220	50613	123166	274088	178124	89162
晋中市	1972424		125532	404731	709796	732365	
运城市	2864201	282469	202452	462385	1488306	424989	3600
忻州市	938035		55812	141773	491590	243560	5300
临汾市	1847172	31506	313008	177486	897798	420958	6416
吕梁市	540852		85003	48474	242691	87075	77609

3-23 各地区按资质等级分房地产开发企业商品住宅销售面积

单位：平方米

地 区	总 计	一 级	二 级	三 级	四 级	暂 定	其 他
全 省	**22158597**	**629414**	**2929346**	**2531569**	**8215446**	**7549738**	**303084**
太原市	7743283		644017	615057	2488356	3890725	105128
大同市	2393538		132094	74662	981172	1205610	
阳泉市	511656	126230	217594	17701	103562	30700	15869
长治市	2137676	89120	905332	372688	399414	371122	
晋城市	807807	9818	236317	143839	382442	35391	
朔州市	740256	99220	40159	121581	228918	161216	89162
晋中市	1926905		124986	395281	695025	711613	
运城市	2708486	276998	178090	431626	1412951	405221	3600
忻州市	901552		53169	141562	459041	242480	5300
临汾市	1772577	28028	312585	169098	842410	414040	6416
吕梁市	514861		85003	48474	222155	81620	77609

3-24 各地区按用途分房地产开发企业商品房期房销售面积

单位：平方米

地 区	商品房期房销售面积	住 宅	#别墅、高档公 寓	办公楼	商业营业用 房	其 他
全 省	**18887809**	**17932840**	**516961**	**273456**	**442214**	**239299**
太原市	7900206	7240560	490230	245194	247897	166555
大同市	1989970	1933241	15016	7110	49619	
阳泉市	266546	253279			12902	365
长治市	1592997	1544639		16711	20426	11221
晋城市	689256	657132			25545	6579
朔州市	164992	161826			1794	1372
晋中市	1743689	1712194			20526	10969
运城市	1894940	1847279	8347		34345	13316
忻州市	567161	561239			5922	
临汾市	1670380	1628063	3368	4441	14811	23065
吕梁市	407672	393388			8427	5857

3-25　各地区按用途分房地产开发企业房屋出租面积

单位：平方米

地　区	房屋出租面　　积	住　　宅	#别墅、高档公　　寓	办公楼	商业营业用　　房	其　　他
全　省	**103421**			**723**	**75497**	**27201**
太原市	6593				6593	
大同市	45000				45000	
阳泉市						
长治市	16333			723	822	14788
晋城市						
朔州市						
晋中市						
运城市	34115				21702	12413
忻州市	700				700	
临汾市	680				680	
吕梁市						

3-26　各地区按用途分房地产开发企业商品房销售额

单位：万元

地　区	商品房销售额	住　　宅	#别墅、高档公　　寓	办公楼	商业营业用　　房	其　　他
全　省	**16106793**	**14733766**	**664837**	**321479**	**825956**	**225592**
太原市	9302496	8380015	626625	274923	494641	152917
大同市	1305084	1227052	23796	1877	76155	
阳泉市	214346	200411			13892	43
长治市	1039575	947089		20108	59189	13189
晋城市	459036	410779	998		32362	15895
朔州市	249841	231371			9736	8734
晋中市	1167588	1128744		398	32680	5766
运城市	990762	911279	5628	10645	57642	11196
忻州市	327723	307314	4736	512	18759	1138
临汾市	839188	793258	3054	13016	18961	13953
吕梁市	211154	196454			11939	2761

3-27 各地区按资质等级分房地产开发企业商品房销售额

单位：万元

地 区	总 计	一 级	二 级	三 级	四 级	暂 定	其 他
全 省	**16106793**	**279271**	**1835810**	**1503617**	**5402494**	**6888487**	**197114**
太原市	9302496		656293	677542	2841650	4996904	130107
大同市	1305084		81899	27719	543085	652381	
阳泉市	214346	65423	65326	5821	61160	9028	7588
长治市	1039575	54460	504063	132552	190980	157520	
晋城市	459036	5596	137815	86703	214865	14057	
朔州市	249841	25718	18511	43004	77277	54846	30485
晋中市	1167588		83242	197068	314664	572614	
运城市	990762	108679	74300	178762	498338	129716	967
忻州市	327723		21045	45198	184247	75871	1362
临汾市	839188	19395	151864	93894	379389	192565	2081
吕梁市	211154		41452	15354	96839	32985	24524

3-28 各地区按资质等级分房地产开发企业商品住宅销售额

单位：万元

地 区	总 计	一 级	二 级	三 级	四 级	暂 定	其 他
全 省	**14733766**	**266198**	**1733230**	**1311159**	**4886226**	**6339839**	**197114**
太原市	8380015		621136	543918	2557358	4527496	130107
大同市	1227052		81353	26719	495636	623344	
阳泉市	200411	64986	65326	5221	48262	9028	7588
长治市	947089	49859	465402	130863	153917	147048	
晋城市	410779	4562	125597	75565	190998	14057	
朔州市	231371	25718	16079	42497	68028	48564	30485
晋中市	1128744		82546	192324	304466	549308	
运城市	911279	105472	63939	149321	466529	125051	967
忻州市	307314		18930	45106	166745	75171	1362
临汾市	793258	15601	151370	84271	350654	189281	2081
吕梁市	196454		41452	15354	83633	31491	24524

3-29　各地区房地产开发企业商品房待售情况

单位：平方米

地　区	商品房待售面积	#待售1-3年面积	#待售3年以上面积
全　省	**9848476**	**3319605**	**2590096**
太原市	1029274	449791	397688
大同市	1263344	255144	336242
阳泉市	285642	109934	168948
长治市	1699706	505250	381878
晋城市	570306	153946	69391
朔州市	975919	607824	117391
晋中市	378071	294372	51430
运城市	1283626	451727	190674
忻州市	1030520	253164	606862
临汾市	876397	202853	269592
吕梁市	455671	35600	

3-30　各地区按用途分房地产开发企业商品房待售面积

单位：平方米

地　区	商品房待售面积	住　宅	#别墅、高档公寓	办公楼	商业营业用房	其　他
全　省	**9848476**	**6393184**	**156328**	**223080**	**1899072**	**1333140**
太原市	1029274	635947	55696	87725	216796	88806
大同市	1263344	768114	31548	3980	303454	187796
阳泉市	285642	259203			26439	
长治市	1699706	1008387	3150	17516	254848	418955
晋城市	570306	414380	10832		105074	50852
朔州市	975919	652744		24704	203475	94996
晋中市	378071	164374		32302	74463	106932
运城市	1283626	808193	19144	27158	390018	58257
忻州市	1030520	727882	35958	24013	158795	119830
临汾市	876397	663476		5682	114710	92529
吕梁市	455671	290484			51000	114187

3-31 各地区房地产开发企业土地开发及其购置情况

地 区	待开发土地面积（平方米）	本年土地购置面积（平方米）	本年土地成交价款（万元）
全 省	**6462247**	**2863793**	**819416**
太原市	1193948	422886	250972
大同市	328795	205773	25556
阳泉市	124106	68623	7387
长治市	430165	168993	31843
晋城市	308899	290457	83328
朔州市	440367	67184	6948
晋中市	383052	577405	193639
运城市	2881022	245808	28685
忻州市	10064	92253	41300
临汾市	342607	550856	123235
吕梁市	19222	173555	26523

3-32　各地区房地产开发企业主营业务收入及其构成

单位：万元

地　区	营业收入	#主营业务收入总计	土地转让收入	商品房销售收入	自持物业收入	房屋出租收入	其他收入
全　省	**10547257**	**8876438**	**602069**	**7974555**	**94469**	**75723**	**205345**
太原市	6107986	4504459	547822	3738763	62256	50837	155618
大同市	849253	842546	3	819080	11458	5717	12004
阳泉市	191446	187665		176749	1632	1620	9284
长治市	516150	511935	184	497777	4783	4783	9192
晋城市	245270	241132	150	239568	263	263	1152
朔州市	243888	243612	4221	238921	67	62	404
晋中市	787718	768678	11350	750445	4532	3817	2351
运城市	714032	707639	1157	703064	1886	1466	1533
忻州市	270028	267770	1201	259374	1665	1647	5530
临汾市	469694	467461	35982	418603	5319	4904	7557
吕梁市	151792	133542		132212	608	608	722

3-33 各地区按登记注册类型分

地　区	总　计	内资企业					
			国有企业	集体企业	股份合作企　业	国有联营企　业	集体联营企　业
全　省	**10547257**	**10466914**	**50984**	**329**			
太原市	6107986	6028231	29748				
大同市	849253	849253	577				
阳泉市	191446	191446	5373	2			
长治市	516150	516150	4890				
晋城市	245270	245162	33				
朔州市	243888	243505					
晋中市	787718	787718	5447				
运城市	714032	713935	921				
忻州市	270028	270028	483				
临汾市	469694	469694	3022	250			
吕梁市	151792	151792	490	77			

3-33　续表

地　区							
	私营股份有限公司	其他内资企　业	港、澳、台商投资企　业	合资经营企业(港、澳、台资)	合作经营企业(港、澳、台资)	港、澳、台商独资经营企业	港、澳、台商投资股份有限公司
全　省	**18522**		**52629**	**519**		**37326**	**14784**
太原市	676		52532	422		37326	14784
大同市	1245						
阳泉市	4084						
长治市	6077						
晋城市							
朔州市	1706						
晋中市							
运城市	91		97	97			
忻州市	2407						
临汾市	2238						
吕梁市							

房地产开发企业营业收入

单位：万元

国有与集体联营企业	其他联营企业	国有独资公司	其他有限责任公司	股份有限公司	私营独资企业	私营合伙企业	私营有限责任公司
		1077520	**4244705**	**155086**			**4919767**
		1024546	2435246	388			2537627
		3178	453726	2574			387953
		24978	113175	3787			40048
		180	397694	5305			102004
		15735	63122	11305			154967
		8411	31197	59224			142967
			247536	62660			472075
		409	110298	722			601494
		30	144049	5871			117188
		53	227983	3250			232898
			20680				130545

单位：万元

其他港、澳、台投资企业	外商投资企业	中外合资经营企业	中外合作经营企业	外资企业	外商投资股份有限公司	其他外商投资企业
	27714	**1511**		**26202**		
	27223	1128		26094		
	108			108		
	383	383				

3-34 各地区按登记注册类型分

地 区	总 计	内资企业					
			国有企业	集体企业	股份合作企业	国有联营企业	集体联营企业
全 省	**8876438**	**8796124**	**49850**	**329**			
太原市	4504459	4424734	29562				
大同市	842546	842546	35				
阳泉市	187665	187665	5365	2			
长治市	511935	511935	4890				
晋城市	241132	241024	33				
朔州市	243612	243229					
晋中市	768678	768678	5447				
运城市	707639	707541	921				
忻州市	267770	267770	483				
临汾市	467461	467461	3022	250			
吕梁市	133542	133542	93	77			

3-34 续表

地 区			港、澳、台商投资企业				
	私营股份有限公司	其他内资企业		合资经营企业(港、澳、台资)	合作经营企业(港、澳、台资)	港、澳、台商独资经营企业	港、澳、台商投资股份有限公司
全 省	**18512**		**52602**	**519**		**37298**	**14784**
太原市	666		52505	422		37298	14784
大同市	1245						
阳泉市	4084						
长治市	6077						
晋城市							
朔州市	1705						
晋中市							
运城市	91		97	97			
忻州市	2407						
临汾市	2238						
吕梁市							

房地产开发企业主营业务收入

单位：万元

国有与集体联营企业	其他联营企业	国有独资公司	其他有限责任公司	股份有限公司	私营独资企业	私营合伙企业	私营有限责任公司
		447981	**3285475**	**153949**			**4840029**
		395448	1498217	388			2500455
		2749	451996	2574			383947
		24978	109407	3787			40043
		180	393729	5305			101755
		15735	62207	10292			152758
		8399	31075	59101			142948
			238354	62660			462217
		409	110298	722			595101
		30	143898	5871			115081
		53	227959	3250			230689
			18336				115037

单位：万元

其他港、澳、台投资企业	外商投资企业	中外合资经营企业	中外合作经营企业	外资企业	外商投资股份有限公司	其他外商投资企业
	27712	**1510**		**26201**		
	27221	1127		26093		
	108			108		
	383	383				

3-35 各地区按登记注册类型分

地 区	总 计	内资企业					
			国有企业	集体企业	股份合作企业	国有联营企业	集体联营企业
全 省	**109122047**	**107961169**	**1762165**	**43639**			
太原市	60065994	58926159	281965				
大同市	9911339	9911339	266562	317			
阳泉市	3623906	3623906	61348	39266			
长治市	5051996	5051996	472477				
晋城市	4584463	4582501	56849				
朔州市	1841801	1830790					
晋中市	8950463	8950463	280488				
运城市	5186600	5178530	258765				
忻州市	2378703	2378703	19456				
临汾市	5131590	5131590	8329	998			
吕梁市	2395194	2395194	55928	3058			

3-35 续表

地 区			港、澳、台商投资企业				
	私营股份有限公司	其他内资企业		合资经营企业(港、澳、台资)	合作经营企业(港、澳、台资)	港、澳、台商独资经营企业	港、澳、台商投资股份有限公司
全 省	**1031704**		**421243**	**75301**		**193553**	**152389**
太原市	726011		413173	67232		193553	152389
大同市	109275						
阳泉市	26151						
长治市	21572						
晋城市							
朔州市	16606						
晋中市							
运城市	91656		8070	8070			
忻州市	16721						
临汾市	23713						
吕梁市							

房地产开发企业负债合计

单位：万元

国有与集体联营企业	其他联营企业	国有独资公司	其他有限责任公司	股份有限公司	私营独资企业	私营合伙企业	私营有限责任公司
		9273109	**43872892**	**1494029**			**50483632**
		7987267	28268586	378598			21283733
		491216	2658895	179048			6206027
		57340	1816406	46866			1576529
		245459	2370338	14235			1927915
		181291	1019164	24665			3300533
		191425	290154	382486			950120
		13213	3298171	293780			5064812
		84491	771491	10032			3962095
		325	989333	24825			1328043
		20062	1832350	139494			3106644
		1020	558006				1777182

单位：万元

其他港、澳、台投资企业	外商投资企业	中外合资经营企业	中外合作经营企业	外资企业	外商投资股份有限公司	其他外商投资企业
	739635	**104485**		**635149**		
	726661	93474		633187		
	1962			1962		
	11011	11011				

3-36 各地区按登记注册类型分

地区	总计	内资企业	国有企业	集体企业	股份合作企业	国有联营企业	集体联营企业
全省	**123844497**	**122410862**	**1889344**	**45227**			
太原市	69831198	68453941	267454				
大同市	11136159	11136159	390025	113			
阳泉市	3800891	3800891	55324	39595			
长治市	5601601	5601601	471662				
晋城市	4683480	4665403	53287				
朔州市	1859271	1841131					
晋中市	9533413	9533413	285965				
运城市	6073691	6053530	257896				
忻州市	2621563	2621563	18254				
临汾市	5765676	5765676	8559	1325			
吕梁市	2937555	2937555	80918	4195			

3-36 续表

地区	私营股份有限公司	其他内资企业	港、澳、台商投资企业	合资经营企业(港、澳、台资)	合作经营企业(港、澳、台资)	港、澳、台商独资经营企业	港、澳、台商投资股份有限公司
全省	**1061265**		**653871**	**191939**		**286314**	**175619**
太原市	718879		633710	171777		286314	175619
大同市	114662						
阳泉市	32507						
长治市	22762						
晋城市							
朔州市	23281						
晋中市							
运城市	104031		20162	20162			
忻州市	18221						
临汾市	26922						
吕梁市							

房地产开发企业资产总计

单位：万元

国有与集体联营企业	其他联营企业	国有独资公司	其他有限责任公司	股份有限公司	私营独资企业	私营合伙企业	私营有限责任公司
		12896976	**49834636**	**1547636**			**55135778**
		11405565	32590143	386958			23084943
		498184	3452112	181103			6499960
		60127	1912836	58172			1642331
		400228	2496815	15074			2195060
		185303	1051537	26583			3348693
		197557	318858	268636			1032800
		14106	3425982	413589			5393772
		91605	854554	10052			4735391
		537	1050520	33283			1500747
		36033	2034426	154186			3504225
		7732	646852				2197857

单位：万元

其他港、澳、台投资企业	外商投资企业	中外合资经营企业	中外合作经营企业	外资企业	外商投资股份有限公司	其他外商投资企业
	779764	**99169**		**680595**		
	743547	81029		662518		
	18077			18077		
	18140	18140				

第4篇

服务业企业财务状况篇

资料整理校对：曹启果　高彤彤　田　丹

4-1　服务业法人单位基本情况

行　业	单位数 (个)	从业人员期末人数 (人)
总　计	**222740**	**3077815**
交通运输、仓储和邮政业	**14603**	**288101**
企业	14306	272477
行政事业及非企业法人	297	15624
信息传输、软件和信息技术服务业	**17395**	**121358**
企业	17227	114324
行政事业及非企业法人	168	7034
房地产业	**11607**	**156214**
企业	11514	154724
行政事业及非企业法人	93	1490
租赁和商务服务业	**45346**	**341034**
企业	43722	324729
行政事业及非企业法人	1624	16305
科学研究和技术服务业	**21084**	**178403**
企业	18082	140559
行政事业及非企业法人	3002	37844
水利、环境和公共设施管理业	**5508**	**108073**
企业	4174	56957
行政事业及非企业法人	1334	51116
居民服务、修理和其他服务业	**11375**	**63282**
企业	11192	61839
行政事业及非企业法人	183	1443
教育	**15642**	**604295**
企业	5291	62645
行政事业及非企业法人	10351	541650
卫生和社会工作	**6879**	**276534**
企业	2570	54708
行政事业及非企业法人	4309	221826
文化、体育和娱乐业	**13632**	**91450**
企业	11764	62249
行政事业及非企业法人	1868	29201
公共管理、社会保障和社会组织	**59669**	**849071**
企业		
行政事业及非企业法人	59669	849071

注：本表不含房地产开发经营、铁路运输部门数据。

4-2 交通运输、仓储和邮政业企业法人单位主要指标

行业	单位数（个）	资产总计（千元）	负债合计（千元）	营业收入（千元）	从业人员期末人数（人）
总 计	**14298**	**702909121.7**	**502055660.6**	**124736120.7**	**271317**
道路运输业	10942	637898070.5	461811148.8	102780114.1	202178
城市公共交通运输	404	14180480.2	8547176.4	1366513.4	31069
公路旅客运输	201	6976339.9	5717997.1	1900715.8	10099
道路货物运输	9626	77103162.3	59801149.8	72988131.2	116897
道路运输辅助活动	711	539638088.1	387744825.5	26524753.7	44113
水上运输业	26	68070.4	16097.8	13642.1	145
水上旅客运输	18	18815.5	8383.2	2459.0	98
水上货物运输	4	48764.8	7628.2	11172.4	42
水上运输辅助活动	4	490.2	86.5	10.8	5
航空运输业	61	11247900.9	3177348.3	3221768.7	4582
航空客货运输	16	3374866.0	1179969.2	2024900.6	438
通用航空服务	23	331571.7	79521.6	69645.8	165
航空运输辅助活动	22	7541463.2	1917857.4	1127222.3	3979
管道运输业	8	1705060.8	1311501.1	187045.5	193
海底管道运输					
陆地管道运输	8	1705060.8	1311501.1	187045.5	193
多式联运和运输代理业	775	14911378.8	9508092.0	4510287.0	6617
多式联运	19	1017347.9	568752.1	241027.5	140
运输代理业	756	13894030.9	8939339.9	4269259.4	6477
装卸搬运和仓储业	2080	33895228.5	23301218.8	8491116.7	27507
装卸搬运	1026	6777264.4	4691726.4	2835316.5	14955
通用仓储	258	8471452.1	4818112.4	2161851.4	2911
低温仓储	126	666389.6	172554.4	138389.6	706
危险品仓储	18	328404.1	289344.3	54620.2	215
谷物、棉花等农产品仓储	384	14151733.7	10868558.4	2600423.6	6728
中药材仓储	4	2389.4		6524.0	5
其他仓储业	264	3497595.2	2460922.8	693991.4	1987
邮政业	406	3183411.8	2930253.7	5532146.7	30095
邮政基本服务	15	1862537.0	1868611.6	3223996.2	14840
快递服务	377	1265623.6	1013120.8	2306762.8	15207
其他寄递服务	14	55251.2	48521.4	1387.7	48

注：本表不含铁路运输业。

4-3　交通运输、仓储和邮政业企业法人单位分地区主要指标

地　区	单位数（个）	资产总计（千元）	负债合计（千元）	营业收入（千元）	从业人员期末人数（人）
全　省	**14298**	**702909121.7**	**502055660.6**	**124736120.7**	**271317**
太原市	2533	523670232.3	365589348.6	47556003.8	77657
大同市	956	12842219.9	11608960.2	5177885.8	18210
阳泉市	440	9268842.9	5217360.6	2810794.3	10129
长治市	1066	27459872.6	22461367.2	6949822.2	17596
晋城市	722	12259084.2	7727291.3	6497889.6	15057
朔州市	695	23726903.7	22384420.2	3997105.7	12638
晋中市	1638	28378881.5	18706885.6	15515555.4	24616
运城市	1881	14495355.4	10408138.9	9456429.9	23482
忻州市	1084	11222939.2	9554635.6	7635788.4	20286
临汾市	1520	22822502.6	16344242.2	8872999.6	24629
吕梁市	1763	16762287.6	12053010.3	10265846.1	27017

注：本表不含铁路运输业。

4-4　交通运输、仓储和邮政业企业法人单位分登记注册类型主要指标

登记注册类型	单位数（个）	资产总计（千元）	负债合计（千元）	营业收入（千元）	从业人员期末人数（人）
总　计	**14298**	**702909121.7**	**502055660.6**	**124736120.7**	**271317**
内资企业	**14288**	**698461859.7**	**498923801.5**	**124181219.4**	**270665**
国有企业	284	9928926.5	8605291.5	4781244.2	23833
集体企业	146	1122817.6	961563.3	684643.2	4787
股份合作企业					
联营企业	8	4724.0	2647.7	9284.4	97
有限责任公司	1337	601068031.0	428603977.2	53551119.5	99205
股份有限公司	107	4348505.5	2799032.8	2261509.9	5212
私营企业	12320	81799637.4	57930090.8	62793818.3	137249
其他企业	86	189217.5	21198.1	99599.9	282
港、澳、台商投资企业					
外商投资企业	**10**	**4447262.1**	**3131859.1**	**554901.4**	**652**

注：本表不含铁路运输业。

4-5 信息传输、软件和信息技术服务业企业法人单位主要指标

行　业	单位数(个)	资产总计(千元)	负债合计(千元)	营业收入(千元)	从业人员期末人数(人)
总　计	**17227**	**97909874.8**	**66849193.0**	**43491603.5**	**114324**
电信、广播电视和卫星传输服务	829	41845776.9	38626567.8	27356855.3	44810
电信	697	37890283.4	36384328.1	26333103.0	39453
广播电视传输服务	121	3822818.2	2218841.0	985554.5	5179
卫星传输服务	11	132675.4	23398.7	38197.8	178
互联网和相关服务	2317	5918474.1	3472442.0	1866258.6	8911
互联网接入及相关服务	599	746220.5	386676.5	478853.0	1958
互联网信息服务	958	2993035.2	1848041.3	911979.5	3374
互联网平台	133	319693.4	183924.2	33109.7	479
互联网安全服务	14	71108.4	117945.9	37479.7	135
互联网数据服务	57	1122780.0	697723.8	209107.5	1033
其他互联网服务	556	665636.6	238130.3	195729.2	1932
软件和信息技术服务业	14081	50145623.8	24750183.1	14268489.5	60603
软件开发	9093	31389459.9	15650787.1	8155605.3	34479
集成电路设计	46	47934.4	27066.7	29554.4	131
信息系统集成和物联网技术服务	1239	4494956.4	1999147.1	2500866.5	6552
运行维护服务	114	1922939.9	921881.1	1099410.7	4742
信息处理和存储支持服务	61	2630838.7	155022.8	560926.9	319
信息技术咨询服务	2544	8766424.5	5603493.2	1397376.6	9353
数字内容服务	151	131427.9	73189.4	141559.7	770
其他信息技术服务业	833	761642.1	319595.6	383189.4	4257

4-6 信息传输、软件和信息技术服务业企业法人单位分地区主要指标

地　区	单位数(个)	资产总计(千元)	负债合计(千元)	营业收入(千元)	从业人员期末人数(人)
全　省	**17227**	**97909874.8**	**66849193.0**	**43491603.5**	**114324**
太原市	9467	37392351.9	35785968.6	19850946.1	57777
大同市	751	5719178.5	3330019.0	2773357.4	6089
阳泉市	343	4660751.4	1299669.6	1633063.3	3102
长治市	699	4616895.8	2542066.7	2360277.2	4830
晋城市	766	4395407.8	2211440.5	2053507.7	4695
朔州市	307	2491550.0	1519864.6	1210022.8	3266
晋中市	1154	18448999.1	9207413.7	2995779.3	7876
运城市	1572	5739297.5	2133178.5	3512261.1	8906
忻州市	409	3974397.3	1738484.5	2015857.3	4394
临汾市	887	4535214.4	2882389.6	2864434.5	5751
吕梁市	872	5935831.1	4198697.6	2222096.8	7638

4-7　信息传输、软件和信息技术服务业企业法人单位分登记注册类型主要指标

登记注册类型	单位数(个)	资产总计(千元)	负债合计(千元)	营业收入(千元)	从业人员期末人数(人)
总　计	**17227**	**97909874.8**	**66849193.0**	**43491603.5**	**114324**
内资企业	**17191**	**74230888.9**	**51759198.7**	**29487569.1**	**96413**
国有企业	30	6472663.3	5311065.6	534770.3	3031
集体企业	18	145242.2	108257.7	33777.5	213
股份合作企业					
联营企业					
有限责任公司	1838	26925308.9	25420968.5	9237645.7	28545
股份有限公司	144	14694879.9	8329895.9	8482567.5	9202
私营企业	15152	25991815.5	12588661.8	11198470.8	55414
其他企业	9	979.2	349.1	337.3	8
港、澳、台商投资企业	**15**	**13568557.7**	**10292302.0**	**6013174.2**	**9604**
外商投资企业	**21**	**10110428.2**	**4797692.3**	**7990860.1**	**8307**

4-8　金融业企业法人单位主要指标

行　业	单位数(个)	从业人员期末人数(人)
总　计	**2381**	**468294**
货币金融服务	1203	133764
资本市场服务	249	5837
保险业	495	325369
其他金融业	434	3324

4-9 房地产业企业法人单位主要指标

行业	单位数(个)	资产总计(千元)	负债合计(千元)	营业收入(千元)	从业人员期末人数(人)
总计	**11514**	**108482291.6**	**81511244.0**	**13949850.0**	**154724**
物业管理	6800	30589979.8	25514232.1	8455938.6	113720
房地产中介服务	2532	14323575.4	11644871.1	1590748.6	15111
房地产租赁经营	2052	57851840.6	40335857.5	3798865.4	24996
其他房地产业	130	5716895.7	4016283.3	104297.3	897

4-10 房地产业企业法人单位分地区主要指标

地区	单位数(个)	资产总计(千元)	负债合计(千元)	营业收入(千元)	从业人员期末人数(人)
全省	**11514**	**108482291.6**	**81511244.0**	**13949850.0**	**154724**
太原市	4105	64575450.9	48616199.6	7781100.0	56569
大同市	729	5311354.2	3402141.0	1270520.9	19127
阳泉市	357	2310273.5	2056974.2	430313.4	6971
长治市	1042	6547812.9	5417570.0	680424.6	11850
晋城市	633	3746907.9	3101852.6	517379.3	10677
朔州市	404	1116562.1	509263.4	316348.4	6130
晋中市	1011	6866552.0	5541765.3	632909.2	10119
运城市	881	2747355.9	1901726.8	904417.3	6609
忻州市	525	1593354.2	1106328.2	304016.9	7257
临汾市	983	3518765.8	2232606.6	559823.2	11272
吕梁市	844	10147897.4	7624816.3	552596.8	8143

4-11　房地产业企业法人单位分登记注册类型主要指标

登记注册类型	单位数（个）	资产总计（千元）	负债合计（千元）	营业收入（千元）	从业人员期末人数（人）
总　计	**11514**	**108482291.6**	**81511244.0**	**13949850.0**	**154724**
内资企业	**11506**	**108069267.6**	**81082502.7**	**13936473.0**	**154676**
国有企业	347	2778545.6	4174296.7	303952.2	7121
集体企业	330	2753654.7	2147268.5	258195.0	4652
股份合作企业	5	2944.3	1051.2	588.8	23
联营企业	5	289534.2	405132.8	7139.3	446
有限责任公司	1631	43714164.2	31649618.2	5334310.3	40746
股份有限公司	149	3593029.8	2923512.0	229915.6	2433
私营企业	9032	54934505.9	39780682.2	7801926.5	99240
其他企业	7	2888.8	941.0	445.3	15
港、澳、台商投资企业	**3**	**126589.4**	**126294.3**	**5375.8**	**26**
外商投资企业	**5**	**286434.6**	**302447.0**	**8001.1**	**22**

4-12　租赁和商务服务业企业法人单位主要指标

行　　业	单位数（个）	资产总计（千元）	负债合计（千元）	营业收入（千元）	从业人员期末人数（人）
总　计	**43722**	**1843322373.8**	**925829719.6**	**69111104.9**	**324729**
租赁业	6646	26460913.0	14221538.6	7710422.5	33095
机械设备经营租赁	6514	25933173.9	13783530.8	7631662.7	32455
文体设备和用品出租	112	102058.3	48770.2	58556.1	427
日用品出租	20	425680.8	389237.5	20203.7	213
商务服务业	37076	1816861460.8	911608181.0	61400682.4	291634
组织管理服务	4036	1627759953.7	802971780.3	21602406.8	56665
综合管理服务	1034	45908405.2	29566228.7	4663864.4	14350
法律服务	1191	1186361.6	755537.6	1438560.5	9254
咨询与调查	11924	71002549.4	47319859.6	6718427.0	46153
广告业	8045	8098352.5	3669341.6	5014744.6	27397
人力资源服务	3601	8976205.8	5280569.4	12699281.0	55687
安全保护服务	738	3457089.8	2053848.9	3111906.7	55435
会议、展览及相关服务	1399	5337767.4	4329938.3	804586.7	4154
其他商务服务业	5108	45134775.5	15661076.6	5346904.6	22539

4-13 租赁和商务服务业企业法人单位分地区主要指标

地 区	单位数（个）	资产总计（千元）	负债合计（千元）	营业收入（千元）	从业人员期末人数（人）
全 省	**43722**	**1843322373.8**	**925829719.6**	**69111104.9**	**324729**
太原市	19090	1237286461.4	554232126.7	37246129.6	118327
大同市	2419	79709729.0	47012493.7	4098521.4	34878
阳泉市	1010	31470838.3	17292419.4	2221881.4	13730
长治市	2599	57140924.5	28252779.2	2537887.0	21973
晋城市	2743	38158071.1	20706518.2	4324783.5	22429
朔州市	1310	22916087.6	9733844.7	2537171.2	12564
晋中市	3110	142349187.9	76203861.4	3853266.3	27132
运城市	3703	44186831.5	23099791.7	4376126.9	20278
忻州市	2020	29233387.3	16025934.4	1791785.3	13433
临汾市	3337	77757274.4	45064929.6	3508126.7	22019
吕梁市	2381	83113580.9	88205020.6	2615425.6	17966

4-14 租赁和商务服务业企业法人单位分登记注册类型主要指标

登记注册类型	单位数（个）	资产总计（千元）	负债合计（千元）	营业收入（千元）	从业人员期末人数（人）
总 计	**43722**	**1843322373.8**	**925829719.6**	**69111104.9**	**324729**
内资企业	**43670**	**1800281368.4**	**885852205.3**	**68573840.2**	**323913**
国有企业	289	28756582.7	6719479.6	966062.9	11765
集体企业	717	4549684.3	3403203.0	597610.6	9637
股份合作企业	8	16566.0	1013.5	2996.2	37
联营企业	13	14842.2	7775.6	4724.2	70
有限责任公司	4933	1424357760.1	654124782.6	27542120.6	97608
股份有限公司	373	103916036.2	67817101.5	3423451.9	5060
私营企业	36849	237758609.5	153611760.6	35708166.6	196870
其他企业	488	311287.5	167089.0	328707.1	2866
港、澳、台商投资企业	**26**	**24170822.4**	**5886561.3**	**456050.5**	**426**
外商投资企业	**26**	**18870183.0**	**34090953.0**	**81214.2**	**390**

4-15　科学研究和技术服务业企业法人单位主要指标

行　业	单位数（个）	资产总计（千元）	负债合计（千元）	营业收入（千元）	从业人员期末人数（人）
总　计	**18082**	**162589723.4**	**98682583.5**	**34362439.8**	**140559**
研究和试验发展	1295	20770491.0	17368709.2	2034401.7	8190
自然科学研究和试验发展	43	108124.4	37939.4	34405.3	244
工程和技术研究和试验发展	797	19092209.7	16413455.1	1740015.5	6155
农业科学研究和试验发展	203	1123743.9	684146.7	140129.7	718
医学研究和试验发展	236	440495.4	232957.4	119387.2	1042
社会人文科学研究	16	5917.6	210.7	464.0	31
专业技术服务业	8892	90342837.1	52627956.3	26105125.3	103920
气象服务	27	34453.8	48021.1	13004.1	112
地震服务	4	240.5	88.9	158.9	7
海洋服务	3	2987.7	48.5		3
测绘地理信息服务	390	970247.0	453886.9	715740.7	3972
质检技术服务	1115	5725432.0	2063497.6	2135891.1	16284
环境与生态监测检测服务	339	939299.5	381606.6	880514.6	3378
地质勘查	310	17017395.3	12187109.2	1817911.8	6416
工程技术与设计服务	3948	57593841.0	32741984.4	17942678.1	60757
工业与专业设计及其他专业技术服务	2756	8058940.2	4751713.0	2599226.1	12991
科技推广和应用服务业	7895	51476395.4	28685918.0	6222912.7	28449
技术推广服务	6410	42173139.8	22925273.2	5227055.4	22321
知识产权服务	146	57543.1	41228.6	63355.2	592
科技中介服务	142	252322.3	140115.0	40390.8	514
创业空间服务	179	5470873.5	3400297.5	288548.7	869
其他科技推广服务业	1018	3522516.7	2179003.7	603562.6	4153

4-16 科学研究和技术服务业企业法人单位分地区主要指标

地 区	单位数（个）	资产总计（千元）	负债合计（千元）	营业收入（千元）	从业人员期末人数（人）
全 省	**18082**	**162589723.4**	**98682583.5**	**34362439.8**	**140559**
太原市	8720	97898408.5	55669187.1	21236702.2	69770
大同市	891	4584590.4	2065120.3	1180230.1	8687
阳泉市	433	3347127.0	4681902.6	951507.3	4884
长治市	1023	5939475.7	2114720.3	1592193.2	8108
晋城市	813	4661193.5	2663682.4	2670049.9	6239
朔州市	406	3009291.3	1686134.4	359780.4	2263
晋中市	1654	8997731.4	4735608.0	1547197.9	10159
运城市	1687	3834370.5	2122566.5	1846856.4	10212
忻州市	468	11726394.6	9948281.7	617375.5	3675
临汾市	1182	10922387.5	7844779.7	1235369.3	8396
吕梁市	805	7668752.1	5150600.7	1125177.5	8166

4-17 科学研究和技术服务业企业法人单位分登记注册类型主要指标

登记注册类型	单位数（个）	资产总计（千元）	负债合计（千元）	营业收入（千元）	从业人员期末人数（人）
总 计	**18082**	**162589723.4**	**98682583.5**	**34362439.8**	**140559**
内资企业	**18046**	**162126786.7**	**98526303.1**	**34325833.2**	**140325**
国有企业	283	6876560.4	4043551.7	3051056.8	11593
集体企业	78	445876.8	399585.9	69910.6	782
股份合作企业					
联营企业					
有限责任公司	2277	73710839.5	38728991.2	13092360.5	39900
股份有限公司	171	2612834.8	1309761.1	469231.0	1855
私营企业	15023	78053235.3	54001284.0	17558151.6	85297
其他企业	212	409977.6	32962.7	73366.0	847
港、澳、台商投资企业	**14**	**105033.5**	**16332.3**	**27305.2**	**84**
外商投资企业	**22**	**357903.2**	**139948.0**	**9301.4**	**150**

注：根据数据保密相关规定，行业单位数量小于3个，未列出数据，导致总计与分项之和不等。以下相关表均同。

4-18　水利、环境和公共设施管理业企业法人单位主要指标

行　　业	单位数（个）	资产总计（千元）	负债合计（千元）	营业收入（千元）	从业人员期末人数（人）
总　计	**4174**	**143050934.0**	**56596679.5**	**8818415.1**	**56957**
水利管理业	392	47604067.7	8462552.5	1302971.9	6255
防洪除涝设施管理	63	1155867.3	334103.0	88602.6	822
水资源管理	94	20004455.0	5456899.6	223443.4	1538
天然水收集与分配	35	23958861.4	2402162.3	839954.8	3102
水文服务	12	64796.6	9554.3	9800.2	105
其他水利管理业	188	2420087.4	259833.2	141170.9	688
生态保护和环境治理业	579	7831324.3	3309035.3	1267759.8	4477
生态保护	67	1583235.0	436029.5	158074.9	771
环境治理业	512	6248089.3	2873005.8	1109684.9	3706
公共设施管理业	3006	76339455.0	42407967.2	5838090.1	45259
市政设施管理	185	28633891.5	14567253.9	331288.7	1337
环境卫生管理	352	3188972.5	1530085.2	617510.3	14545
城乡市容管理	30	717583.1	336633.7	68363.0	112
绿化管理	1597	11020305.5	7775790.1	3877865.3	17757
城市公园管理	18	945099.8	608895.3	2236.7	128
游览景区管理	824	31833602.6	17589308.9	940826.1	11380
土地管理业	197	11276087.0	2417124.5	409593.4	966
土地整治服务	150	7202734.1	863272.4	100375.4	589
土地调查评估服务	33	44292.8	12862.7	35603.7	226
土地登记服务					
土地登记代理服务					
其他土地管理服务	11	4026275.0	1531098.8	272035.5	126

4-19 水利、环境和公共设施管理业企业法人单位分地区主要指标

地 区	单位数(个)	资产总计(千元)	负债合计(千元)	营业收入(千元)	从业人员期末人数(人)
全 省	**4174**	**143050934.0**	**56596679.5**	**8818415.1**	**56957**
太原市	784	58641598.1	14568433.5	4351932.9	15750
大同市	259	8306762.6	4689080.0	702406.1	4868
阳泉市	101	1809373.4	461901.2	77001.0	1010
长治市	374	8185725.8	3249174.6	393791.6	3312
晋城市	390	6576308.1	3867676.7	273029.8	4745
朔州市	166	1622709.2	576686.7	275041.5	2000
晋中市	486	13012963.6	10389076.8	883816.3	6250
运城市	458	4780933.4	1855341.7	495282.3	4673
忻州市	275	17491825.0	9387412.1	294074.3	3284
临汾市	383	15154319.3	4784363.9	570764.0	5517
吕梁市	498	7468414.4	2767532.4	501275.4	5548

4-20 水利、环境和公共设施管理业企业法人单位分登记注册类型主要指标

登记注册类型	单位数(个)	资产总计(千元)	负债合计(千元)	营业收入(千元)	从业人员期末人数(人)
总 计	**4174**	**143050934.0**	**56596679.5**	**8818415.1**	**56957**
内资企业	**4168**	**142669421.7**	**56320944.6**	**8754475.5**	**55564**
国有企业	151	3981002.2	732678.6	358802.2	3435
集体企业	42	935902.9	255898.6	29831.9	511
股份合作企业					
联营企业	5	4067.5	880.3	4588.9	57
有限责任公司	628	98743998.1	34819463.4	2377959.6	15829
股份有限公司	31	3524489.4	1729846.2	227477.6	1601
私营企业	3160	35354894.6	18725001.3	5725754.8	33797
其他企业	151	125067.1	57176.2	30060.6	334
港、澳、台商投资企业	**5**	**342472.3**	**247294.9**	**63939.6**	**1381**
外商投资企业					

4-21　居民服务、修理和其他服务业企业法人单位主要指标

行　业	单位数(个)	资产总计(千元)	负债合计(千元)	营业收入(千元)	从业人员期末人数(人)
总　计	**11192**	**16121496.7**	**8794587.4**	**6937559.1**	**61839**
居民服务业	4676	5809307.0	3611648.3	1671871.3	24948
家庭服务	1775	601272.3	236616.6	449200.4	9227
托儿所服务	17	3699.1	6241.4	2324.9	65
洗染服务	140	261443.1	108923.6	73317.0	1066
理发及美容服务	672	157664.6	81099.0	112781.7	2162
洗浴和保健养生服务	631	1571881.5	1394984.9	214020.6	4355
摄影扩印服务	445	343253.1	149814.9	127084.1	1734
婚姻服务	467	230354.3	49532.2	91728.1	1278
殡葬服务	117	1967317.2	1262807.6	196820.1	914
其他居民服务业	412	672421.7	321628.1	404594.5	4147
机动车、电子产品和日用产品修理业	4518	6788494.1	3779355.8	3271732.9	19917
汽车、摩托车等修理与维护	3306	5122734.3	2929884.6	2239776.7	14302
计算机和办公设备维修	598	803791.7	426010.8	555013.7	3366
家用电器修理	463	542351.1	311488.3	286216.9	1572
其他日用产品修理业	151	319617.0	111972.1	190725.6	677
其他服务业	1998	3523695.6	1403583.3	1993954.9	16974
清洁服务	1469	2160587.6	1018103.8	1544983.1	14502
宠物服务	53	26828.3	4181.8	4030.3	120
其他未列明服务业	476	1336279.7	381297.6	444941.6	2352

4-22　居民服务、修理和其他服务业企业法人单位分地区主要指标

地　区	单位数(个)	资产总计(千元)	负债合计(千元)	营业收入(千元)	从业人员期末人数(人)
全　省	**11192**	**16121496.7**	**8794587.4**	**6937559.1**	**61839**
太原市	3968	5993271.7	3378482.1	2935785.0	18525
大同市	673	1215489.8	1223361.6	369702.4	4007
阳泉市	309	583126.4	333962.4	180002.5	1939
长治市	868	866308.3	379214.7	295420.9	4060
晋城市	953	2071936.3	686819.7	593856.6	8762
朔州市	414	901236.6	343349.7	482198.9	2907
晋中市	907	986383.5	631319.0	518177.2	4840
运城市	977	1070724.3	516303.4	433434.6	4834
忻州市	435	743951.9	423303.1	290022.2	2488
临汾市	987	840389.2	338432.9	527617.5	6373
吕梁市	701	848678.5	540038.8	311341.3	3104

4-23 居民服务、修理和其他服务业企业法人单位分登记注册类型主要指标

登记注册类型	单位数（个）	资产总计（千元）	负债合计（千元）	营业收入（千元）	从业人员期末人数（人）
总　计	**11192**	**16121496.7**	**8794587.4**	**6937559.1**	**61839**
内资企业	**11189**	**16119759.2**	**8792757.2**	**6936691.6**	**61829**
国有企业	41	225455.7	197352.5	66226.9	732
集体企业	69	215819.9	112426.6	98678.0	935
股份合作企业					
联营企业	4	42085.2	41509.4	3313.6	11
有限责任公司	880	3483855.9	2530205.5	1747595.1	9934
股份有限公司	76	696704.0	221578.7	162428.8	2300
私营企业	10090	11448526.1	5684028.2	4851059.0	47858
其他企业	29	7312.4	5656.3	7390.2	59
港、澳、台商投资企业					
外商投资企业					

4-24 教育企业法人单位主要指标

行　业	单位数（个）	资产总计（千元）	负债合计（千元）	营业收入（千元）	从业人员期末人数（人）
总　计	**5291**	**13778005.5**	**8065617.4**	**3768744.4**	**62645**
学前教育	1109	1440537.7	527560.7	702517.4	18848
初等教育	87	395361.6	244033.8	198149.2	3995
中等教育	144	4436832.8	2780571.4	599490.7	9878
高等教育	9	1758419.5	1010261.1	173918.1	1177
特殊教育					
技能培训、教育辅助及其他教育	3942	5746853.8	3503190.4	2094669.1	28747

4-25　教育企业法人单位分地区主要指标

地　区	单位数（个）	资产总计（千元）	负债合计（千元）	营业收入（千元）	从业人员期末人数（人）
全　省	**5291**	**13778005.5**	**8065617.4**	**3768744.4**	**62645**
太原市	1232	2752229.1	2012927.9	1471033.8	12609
大同市	392	575270.8	360158.2	276806.8	5631
阳泉市	166	258621.0	209507.9	76441.4	1873
长治市	339	538082.0	243211.8	233688.7	5364
晋城市	313	784952.6	290878.5	167214.2	3647
朔州市	190	428085.4	118902.5	84171.0	3150
晋中市	580	1786758.4	904016.3	241341.0	4810
运城市	930	4696582.6	3004750.4	665332.3	12263
忻州市	243	649668.5	316056.5	124337.5	3388
临汾市	456	776214.4	335154.3	250432.3	5583
吕梁市	450	531540.7	270053.1	177945.3	4327

4-26　教育企业法人单位分登记注册类型主要指标

登记注册类型	单位数（个）	资产总计（千元）	负债合计（千元）	营业收入（千元）	从业人员期末人数（人）
总　计	**5291**	**13778005.5**	**8065617.4**	**3768744.4**	**62645**
内资企业	**5289**	**13769239.6**	**8065174.7**	**3768719.9**	**62623**
国有企业	172	1034662.5	442556.9	328264.3	3931
集体企业	42	135634.3	39007.9	33453.1	735
股份合作企业					
联营企业	3	6740.0	6030.0	330.0	48
有限责任公司	299	716006.4	539929.2	209593.5	3937
股份有限公司	30	114946.5	20482.0	24617.1	311
私营企业	3786	7465816.9	4522941.3	1812209.2	32745
其他企业	955	4293797.2	2494227.3	1359599.0	20871
港、澳、台商投资企业					
外商投资企业					

4-27 卫生和社会工作企业法人单位主要指标

行业	单位数（个）	资产总计（千元）	负债合计（千元）	营业收入（千元）	从业人员期末人数（人）
总计	**2570**	**17440604.0**	**10574628.5**	**8982537.0**	**54708**
卫生	2017	11573008.2	6721833.6	8845620.4	51691
医院	840	9424272.7	5428971.2	7116202.9	40179
基层医疗卫生服务	995	1054134.8	697419.7	712736.1	6726
专业公共卫生服务	67	459506.5	286730.8	495698.1	1980
其他卫生活动	115	635094.2	308711.9	520983.4	2806
社会工作	553	5867595.8	3852794.9	136916.6	3017
提供住宿社会工作	500	5774184.8	3791803.7	119103.4	2591
不提供住宿社会工作	53	93411.0	60991.2	17813.2	426

4-28 卫生和社会工作企业法人单位分地区主要指标

地区	单位数（个）	资产总计（千元）	负债合计（千元）	营业收入（千元）	从业人员期末人数（人）
全省	**2570**	**17440604.0**	**10574628.5**	**8982537.0**	**54708**
太原市	653	4520416.8	2868515.9	2640841.0	12182
大同市	249	2107160.6	1443337.3	1208052.9	7945
阳泉市	88	970784.0	583559.5	905762.5	3883
长治市	125	597270.7	233051.8	295999.5	2404
晋城市	132	793291.7	442447.3	434665.8	3088
朔州市	121	522831.3	311696.9	339493.1	2375
晋中市	268	3020281.3	2556672.2	393878.2	3550
运城市	393	2549509.6	1122271.6	1534482.0	9688
忻州市	127	415842.4	175549.5	314934.5	2099
临汾市	264	1503870.4	527635.6	655366.7	5403
吕梁市	150	439345.1	309890.7	259060.9	2091

4-29　卫生和社会工作企业法人单位分登记注册类型主要指标

登记注册类型	单位数（个）	资产总计（千元）	负债合计（千元）	营业收入（千元）	从业人员期末人数（人）
总　计	**2570**	**17440604.0**	**10574628.5**	**8982537.0**	**54708**
内资企业	**2565**	**17439346.0**	**10573628.5**	**8982537.0**	**54708**
国有企业	127	1880147.0	1107543.4	2107367.9	8864
集体企业	35	192729.1	110476.6	113451.6	870
股份合作企业	5	17888.9	10970.6	16326.3	141
联营企业					
有限责任公司	199	5465550.1	3949371.1	1273550.5	7154
股份有限公司	22	155564.1	143801.1	83771.4	1783
私营企业	2005	8975497.9	4956097.6	4671663.0	32186
其他企业	171	751528.9	295368.1	716006.3	3700
港、澳、台商投资企业					
外商投资企业	**3**	**1258.0**	**1000.0**		

4-30 文化、体育和娱乐业企业法人单位主要指标

行　　业	单位数（个）	资产总计（千元）	负债合计（千元）	营业收入（千元）	从业人员期末人数（人）
总　计	**11764**	**38513685.3**	**20260920.3**	**6461723.7**	**62249**
新闻和出版业	143	5254637.1	2060692.9	1661840.1	5336
新闻业	16	58341.2	11891.0	16485.4	296
出版业	127	5196295.9	2048801.9	1645354.6	5040
广播、电视、电影和录音制作业	1178	2875177.6	1327336.0	1192795.7	7391
广播	72	192540.1	84398.8	49643.4	448
电视	22	205401.9	31209.0	41180.5	206
影视节目制作	694	855665.7	338160.8	289453.8	2308
广播电视集成播控	5	9550.5	6378.5	4473.5	40
电影和广播电视节目发行	26	270388.3	51415.3	11530.4	365
电影放映	313	1320999.5	813768.4	791195.0	3926
录音制作	46	20631.6	2005.2	5319.1	98
文化艺术业	3849	15241786.9	8563324.2	1686739.3	24249
文艺创作与表演	1676	2547771.8	1572563.4	795400.7	14805
艺术表演场馆	25	23034.7	6786.0	22192.4	219
图书馆与档案馆	37	25252.5	17851.6	19724.2	209
文物及非物质文化遗产保护	119	7930020.5	4653790.8	492349.2	2870
博物馆	28	126736.0	62459.1	42811.0	396
烈士陵园、纪念馆	7	64896.7	63216.4	803.7	14
群众文体活动	545	1808350.3	287396.9	105863.2	1779
其他文化艺术业	1412	2715724.4	1899260.0	207594.9	3957
体育	928	2747699.4	1226616.2	279997.7	4466
体育组织	233	239340.3	142937.2	53731.7	853
体育场地设施管理	61	288210.4	215140.8	38354.4	365
健身休闲活动	594	2021098.3	850434.1	181478.6	3132
其他体育	40	199050.3	18104.0	6433.0	116
娱乐业	5666	12394384.3	7082951.2	1640351.0	20807
室内娱乐活动	3256	1687835.9	561176.6	580671.3	10278
游乐园	123	5814941.5	4063419.0	383723.9	2264
休闲观光活动	208	3033344.5	1670930.3	129048.0	1564
彩票活动					
文化体育娱乐活动与经纪代理服务	2028	1724585.1	776997.2	535371.9	6441
其他娱乐业	50	128677.6	10428.2	11535.9	259

4-31　文化、体育和娱乐业企业法人单位分地区主要指标

地　区	单位数(个)	资产总计(千元)	负债合计(千元)	营业收入(千元)	从业人员期末人数(人)
全　省	**11764**	**38513685.3**	**20260920.3**	**6461723.7**	**62249**
太原市	3645	11177819.2	5787211.5	3130017.0	18644
大同市	740	3157255.5	1998106.7	664983.4	5289
阳泉市	282	303703.8	164142.9	109874.4	2063
长治市	928	3169746.5	1626773.3	240446.1	4866
晋城市	888	4163327.4	1965270.4	441585.3	6265
朔州市	344	486827.6	84775.9	75556.4	2015
晋中市	1214	11608788.8	6583502.0	709996.9	6208
运城市	1351	1088491.0	377792.4	411976.7	5782
忻州市	515	610864.3	206642.4	158469.5	3165
临汾市	1157	1370434.1	818541.3	322294.3	5023
吕梁市	700	1376427.2	648161.5	196523.6	2929

4-32　文化、体育和娱乐业企业法人单位分登记注册类型主要指标

登记注册类型	单位数(个)	资产总计(千元)	负债合计(千元)	营业收入(千元)	从业人员期末人数(人)
总　计	**11764**	**38513685.3**	**20260920.3**	**6461723.7**	**62249**
内资企业	**11762**	**38513669.0**	**20260907.3**	**6461723.7**	**62246**
国有企业	184	2338457.4	923819.9	1046889.5	5289
集体企业	32	114855.6	26959.7	57293.0	903
股份合作企业					
联营企业	3	1580.0	240.0	2064.0	23
有限责任公司	1040	14209602.2	8301020.5	2158737.6	12421
股份有限公司	66	4956041.1	3740575.6	190408.9	1196
私营企业	10328	16590340.8	7222384.4	2958554.8	41677
其他企业	107	298414.9	38127.2	40760.9	636
港、澳、台商投资企业					
外商投资企业					

4-33 国有控股企业分行业主要指标

行业	单位数（个）	资产总计（千元）	负债合计（千元）	营业收入（千元）	从业人员期末人数（人）
总 计	**3950**	**2049918723.5**	**1065658520.1**	**103001135.5**	**282984**
交通运输、仓储和邮政业	**599**	**586880677.1**	**421879015.6**	**46553212.3**	**104541**
道路运输业	273	551697434.8	398555022.6	37589261.8	76069
水上运输业	3	12653.7	9981.7	1372.7	58
航空运输业	17	7585869.6	1939516.2	1161442.3	4065
管道运输业					
多式联运和运输代理业	31	9768554.8	6731711.0	1336448.1	1604
装卸搬运和仓储业	261	15714182.8	12633066.3	3070337.6	7350
邮政业	13	1864474.4	1886312.7	3323498.9	15395
信息传输、软件和信息技术服务业	**188**	**29791415.1**	**28407710.2**	**15330315.6**	**26382**
电信、广播电视和卫星传输服务	98	20998373.5	23609353.6	13601083.7	23729
互联网和相关服务	21	1299546.2	390496.7	320911.1	470
软件和信息技术服务业	69	7493495.5	4407859.9	1408320.9	2183
房地产业	**612**	**25308988.8**	**19982901.7**	**2636798.7**	**20983**
物业管理	180	7065000.3	7204738.9	1345340.9	10359
房地产中介服务	21	841898.8	643110.5	27821.9	372
房地产租赁经营	397	15464222.9	10993733.9	1256889.5	10113
其他房地产业	14	1937866.7	1141318.5	6746.4	139
租赁和商务服务业	**1114**	**1232065228.5**	**519242336.4**	**20783007.3**	**69850**
租赁业	62	9010245.8	3541535.5	1274918.9	4575
商务服务业	1052	1223054982.8	515700800.9	19508088.4	65275
科学研究和技术服务业	**580**	**64508266.8**	**34234987.1**	**11150876.2**	**28413**
研究和试验发展	42	9855532.9	4253027.3	303000.1	1865
专业技术服务业	439	43168878.7	22653129.0	9572338.5	24983
科技推广和应用服务业	99	11483855.2	7328830.8	1275537.7	1565

注：本表不含铁路运输业、金融业、房地产开发经营。

4-33　续表

行　业	单位数（个）	资产总计（千元）	负债合计（千元）	营业收入（千元）	从业人员期末人数（人）
水利、环境和公共设施管理业	**344**	**93498212.6**	**30826023.6**	**2222786.7**	**10301**
水利管理业	85	44874946.7	7831815.6	981635.8	3310
生态保护和环境治理业	43	2748250.0	921256.5	260403.2	1326
公共设施管理业	207	38047039.0	20934463.0	706528.8	5496
土地管理业	9	7827976.9	1138488.6	274218.9	169
居民服务、修理和其他服务业	**67**	**1252422.9**	**735248.7**	**751313.4**	**4112**
居民服务业	37	404021.2	356621.3	259235.3	2548
机动车、电子产品和日用产品修理业	19	397168.0	182412.1	55944.8	492
其他服务业	11	451233.7	196215.3	436133.4	1072
教育	**71**	**312361.3**	**262810.3**	**95814.1**	**2445**
学前教育	16	9619.9	4253.5	10598.7	351
初等教育					
中等教育					
高等教育					
特殊教育					
技能培训、教育辅助及其他教育	51	293460.3	250697.9	81544.9	2065
卫生和社会工作	**88**	**4316088.0**	**3275471.3**	**1286335.5**	**5200**
卫生	62	1334421.7	694782.0	1284753.5	5088
社会工作	26	2981666.3	2580689.3	1582.0	112
文化、体育和娱乐业	**287**	**11985062.5**	**6812015.2**	**2190675.6**	**10757**
新闻和出版业	69	4989145.9	1864827.0	1473772.6	4085
广播、电视、电影和录音制作业	94	714782.1	395583.6	305689.7	1778
文化艺术业	98	6006691.3	4401901.3	364439.3	4462
体育	8	29035.0	13955.5	7117.9	70
娱乐业	18	245408.0	135747.8	39656.1	362

4-34 非公有控股企业分行业主要指标

行 业	单位数(个)	资产总计(千元)	负债合计(千元)	营业收入(千元)	从业人员期末人数(人)
总 计	**129713**	**1040271508.9**	**678131936.3**	**205822486.5**	**917614**
交通运输、仓储和邮政业	**13407**	**112936034.7**	**77896550.9**	**75989797.1**	**158904**
道路运输业	10533	85007624.8	62337065.6	64465992.9	122010
水上运输业	22	54436.7	6116.1	12219.4	80
航空运输业	42	3662028.5	1237830.5	2060322.9	511
管道运输业	7	1467553.8	1188096.0	116194.5	193
多式联运和运输代理业	732	4813650.4	2560714.4	2432088.5	4744
装卸搬运和仓储业	1581	16684478.3	9554749.3	4711407.5	16735
邮政业	390	1246262.2	1011979.0	2191571.3	14631
信息传输、软件和信息技术服务业	**16993**	**67719271.3**	**38288009.8**	**28013388.1**	**87244**
电信、广播电视和卫星传输服务	721	20701752.9	14942633.8	13733604.3	20795
互联网和相关服务	2292	4614048.6	3080942.0	1543851.1	8422
软件和信息技术服务业	13980	42403469.8	20264433.9	12735932.7	58027
房地产业	**10435**	**78535977.3**	**57791787.1**	**10756941.3**	**125960**
物业管理	6516	21740407.7	16829439.8	6876829.4	100654
房地产中介服务	2501	13343253.4	10871034.1	1556174.9	14626
房地产租赁经营	1311	39715990.7	27254361.3	2233540.2	10100
其他房地产业	107	3736325.5	2836951.8	90396.8	580
租赁和商务服务业	**40638**	**585848761.8**	**386471727.9**	**46090786.2**	**233743**
租赁业	6459	16530885.0	9814853.0	6409628.9	28011
商务服务业	34179	569317876.8	376656874.8	39681157.3	205732
科学研究和技术服务业	**17063**	**96104193.9**	**63444192.8**	**22603278.3**	**107190**
研究和试验发展	1170	10752601.8	13084627.9	1718298.3	6050
专业技术服务业	8303	45802237.4	29106098.9	16052293.5	75306
科技推广和应用服务业	7590	39549354.7	21253466.0	4832686.5	25834

注：本表不含铁路运输业、金融业、房地产开发经营。

4-34　续表

行　业	单位数(个)	资产总计(千元)	负债合计(千元)	营业收入(千元)	从业人员期末人数(人)
水利、环境和公共设施管理业	**3524**	**44964114.8**	**24685082.8**	**6254522.3**	**42611**
水利管理业	161	623970.4	251880.9	115865.0	766
生态保护和环境治理业	525	4637922.1	2341754.5	1006654.6	3005
公共设施管理业	2658	36262436.0	20825911.8	5005083.0	38098
土地管理业	180	3439786.3	1265535.6	126919.7	742
居民服务、修理和其他服务业	**10991**	**13700232.6**	**7306095.4**	**5655656.4**	**55977**
居民服务业	4577	4895994.9	2906664.6	1354938.8	22036
机动车、电子产品和日用产品修理业	4454	6332701.3	3556191.2	3183140.6	19165
其他服务业	1960	2471536.3	843239.6	1117576.9	14776
教育	**3340**	**6627172.0**	**4154736.7**	**1073226.8**	**20723**
学前教育	222	156819.0	47596.9	59119.3	2033
初等教育	16	1447.1	582.6	1864.6	48
中等教育	17	2038494.3	1521299.2	29366.4	377
高等教育					
特殊教育					
技能培训、教育辅助及其他教育	3085	4430411.6	2585258.0	982876.6	18265
卫生和社会工作	**2085**	**10484731.3**	**5967505.8**	**5553893.9**	**37854**
卫生	1693	7971169.2	4896675.8	5480589.9	36262
社会工作	392	2513562.1	1070830.0	73304.0	1592
文化、体育和娱乐业	**11237**	**23351019.2**	**12126247.1**	**3830996.3**	**47408**
新闻和出版业	58	129494.9	115923.2	112140.0	743
广播、电视、电影和录音制作业	1064	2003194.2	844292.5	842939.8	5171
文化艺术业	3623	6476769.4	3083174.8	1018475.4	17001
体育	884	2711855.0	1204610.9	267254.4	4199
娱乐业	5608	12029705.8	6878245.7	1590186.8	20294

4-35 规模以上交通运输、仓储和

行　业	固定资产原　价（千元）	累计折旧（千元）	资产总计（千元）	负债合计（千元）
总　计	**170402353**	**30408650**	**334941507**	**169019165**
铁路运输业	109795914	12409263	225697053	82128166
铁路旅客运输				
铁路货物运输	108787205	12031943	224471647	81328106
铁路运输辅助活动	1008709	377320	1225406	800060
道路运输业	45752372	13041451	81673862	69783501
城市公共交通运输	6236111	2330441	5868876	5410315
公路旅客运输	3313652	1561677	5683046	4689422
道路货物运输	8110965	3834322	19520699	14986979
道路运输辅助活动	28091644	5315011	50601241	44696785
水上运输业				
水上旅客运输				
水上货物运输				
水上运输辅助活动				
航空运输业	6030046	1757564	7795143	1980983
航空客货运输				
通用航空服务	296063	142232	279725	63480
航空运输辅助活动	5733983	1615332	7515418	1917503
管道运输业				
海底管道运输				
陆地管道运输				
多式联运和运输代理业	1186065	428392	1978990	1555653
多式联运				
运输代理业	1186065	428392	1978990	1555653
装卸搬运和仓储业	5304585	1474666	15571400	11285476
装卸搬运	1275913	420226	1448994	1032484
通用仓储	1892313	273820	5150556	2967548
低温仓储	77774	5731	150427	11988
危险品仓储	44667	828	67808	45928
谷物、棉花等农产品仓储	1952883	750501	8630621	7153728
中药材仓储				
其他仓储业	61035	23560	122994	73800
邮政业	2333371	1297314	2225059	2285386
邮政基本服务	2126248	1265612	1705464	1696827
快递服务	207123	31702	519595	588559
其他寄递服务				

邮政业企业法人单位主要指标

所有者权益合计（千元）	营业收入（千元）	营业成本（千元）	税金及附加（千元）	销售费用、管理费用、财务费用合计（千元）	投资收益（千元）	营业利润（千元）
165921568	**58067331**	**52817792**	**231831**	**8636549**	**5729425**	**3225634**
143568887	15411915	15213468	56925	3079214	5661218	2724851
143143541	14734351	14658312	52701	2969062	5661218	2717932
425346	677564	555156	4224	110152		6919
11889587	32406378	28675457	103946	3802380	39272	735663
458561	1038080	2197056	8552	568123	-759	-933399
993624	1586105	1329747	16992	331719	1840	-1557
4532946	24714860	22996797	53409	1426088	38191	256022
5904456	5067333	2151857	24993	1476450		1414597
5814160	1183195	1040991	20794	210394	-8783	-81041
216245	66172	62008	391	8842		-6093
5597915	1117023	978983	20403	201552	-8783	-74948
423337	969212	829445	8879	202522	26747	-38042
423337	969212	829445	8879	202522	26747	-38042
4285924	3742718	3401517	20986	721584	10971	-170772
416510	612787	438243	9303	178009		-12832
2183008	1313650	1178055	9010	137549	-6156	-20749
138439	19367	13112	70	4934		1254
21880	32746	25431	1095	4191		2029
1476893	1691070	1683493	1044	388636	17127	-141660
	6524	4944	72	899		609
49194	66574	58239	392	7366		577
-60327	4353913	3656914	20301	620455		54975
8637	2978475	2411565	18309	469032		78477
-68964	1375438	1245349	1992	151423		-23502

4-36 规模以上信息传输、软件和

行业	固定资产原价（千元）	累计折旧（千元）	资产总计（千元）	负债合计（千元）	所有者权益合计（千元）	营业收入（千元）
总计	**95849057**	**58170435**	**42270037**	**33908748**	**8361289**	**29560681**
电信、广播电视和卫星传输服务	93112730	57397965	34511158	31281828	3229330	25411052
电信	89772317	54988250	31755418	29544949	2210469	24568899
广播电视传输服务	3340413	2409715	2755740	1736879	1018861	842153
卫星传输服务						
互联网和相关服务	71173	23270	954120	557393	396727	595736
互联网接入及相关服务	77	61	24191	7442	16749	9056
互联网信息服务	1023	708	48689	39679	9010	430204
互联网平台						
互联网安全服务						
互联网数据服务	70073	22501	881240	510272	370968	156476
其他互联网服务						
软件和信息技术服务业	2665154	749200	6804759	2069527	4735232	3553893
软件开发	368637	119723	2352286	974008	1378278	1383485
集成电路设计						
信息系统集成和物联网技术服务	132536	32269	1468673	601662	867011	1014864
运行维护服务	183663	141438	682803	346353	336450	604368
信息处理和存储支持服务	1976248	453688	2238322	131093	2107229	514628
信息技术咨询服务	4070	2082	62675	16411	46264	36548
数字内容服务						
其他信息技术服务业						

信息技术服务业企业法人单位主要指标

营业成本（千元）	税金及附加（千元）	销售费用、管理费用、财务费用合计（千元）	投资收益（千元）	营业利润（千元）	利润总额（千元）	应付职工薪酬（千元）	应交增值税（千元）	平均用工人数（人）
23738865	**89200**	**5070806**	**14424**	**292828**	**491070**	**5019723**	**-464600**	**44392**
20974122	64204	4204842	11786	-211043	-69898	4398293	-582045	36294
20383206	61651	3851328	-62	-125229	-18323	4176260	-576855	32350
590916	2553	353514	11848	-85814	-51575	222033	-5190	3944
494052	699	106360	-920	4473	5130	97411	-6046	1416
1585	10	7289		172	172	4158	128	252
393149	394	40788		-4127	-4141	27012	2270	427
99318	295	58283	-920	8428	9099	66241	-8444	737
2270691	24297	759604	3558	499398	555838	524019	123491	6682
682686	13677	485374	7136	200656	223328	288440	86514	3329
765249	6226	172610	-5792	67638	73242	87209	29260	1007
479539	4078	79243	2214	48548	45971	130283	26757	2206
318822	88	17227		178491	209263	15932	-20961	101
24395	228	5150		4065	4034	2155	1921	39

4-37 规模以上物业管理、房地产中介服务、房地产

行业	固定资产原价(千元)	累计折旧(千元)	资产总计(千元)	负债合计(千元)	所有者权益合计(千元)	营业收入(千元)
总计	**2100375**	**578800**	**10165007**	**6433840**	**3731167**	**2661011**
房地产业	2100375	578800	10165007	6433840	3731167	2661011
物业管理	828039	258330	4572043	4062272	509771	2097936
房地产中介服务	22763	6244	227005	165021	61984	369416
房地产租赁经营	1249573	314226	5365959	2206547	3159412	193659
其他房地产业						

4-38 规模以上租赁和商务

行业	固定资产原价(千元)	累计折旧(千元)	资产总计(千元)	负债合计(千元)	所有者权益合计(千元)	营业收入(千元)
总计	**14183920**	**3413241**	**221152288**	**112831560**	**108322380**	**14634958**
租赁业	790603	449634	2556984	523421	2033563	253177
机械设备经营租赁	790603	449634	2556984	523421	2033563	253177
文体设备和用品出租						
日用品出租						
商务服务业	13393317	2963607	218595304	112308139	106288817	14381781
组织管理服务	10038441	1931133	207950706	106159055	101791651	8199287
综合管理服务	2521267	511363	5755003	4264072	1490931	1645918
法律服务	16020	12052	148651	124417	24234	147100
咨询与调查	14632	11913	69888	56435	13453	144671
广告业	89240	94482	371309	229366	141943	481881
人力资源服务	57040	29643	195993	113996	81997	733411
安全保护服务	331376	220704	735284	462001	273283	1361411
会议、展览及相关服务	13660	1194	87702	45040	42662	35899
其他商务服务业	311641	151123	3280768	853757	2428663	1632203

租赁经营和其他房地产业企业法人单位主要指标

营业成本（千元）	税金及附加（千元）	销售费用、管理费用、财务费用合计（千元）	投资收益（千元）	营业利润（千元）	利润总额（千元）	应付职工薪酬（千元）	应交增值税（千元）	平均用工人数（人）
1886130	**30253**	**787900**	**49806**	**9096**	**30312**	**1118528**	**106138**	**30702**
1886130	30253	787900	49806	9096	30312	1118528	106138	30702
1478767	19636	605556	1786	-1165	16125	869125	75532	26109
272899	2286	80043		13678	13742	212515	20654	3661
134464	8331	102301	48020	-3417	445	36888	9952	932

服务业企业法人单位主要指标

营业成本（千元）	税金及附加（千元）	销售费用、管理费用、财务费用合计（千元）	投资收益（千元）	营业利润（千元）	利润总额（千元）	应付职工薪酬（千元）	应交增值税（千元）	平均用工人数（人）
10918737	**153263**	**5897968**	**3050710**	**1105046**	**2699543**	**2624344**	**293018**	**55575**
116598	7069	71792	5751	61500	91338	60328	20894	512
116598	7069	71792	5751	61500	91338	60328	20894	512
10802139	146194	5826176	3044959	1043546	2608205	2564016	272124	55063
6443398	105124	4407240	2884105	529643	2076866	1158014	150641	12432
780567	18907	560376	80945	367364	378127	144372	46851	2907
17462	824	118366	396	10844	10824	32236	6799	365
111286	877	26120	-2161	4227	4424	34952	4009	547
350538	6773	97779	-50	16519	16318	59986	7579	1091
581773	2477	130941	-703	17440	17323	184267	17216	5500
1002275	4076	326312	186	28893	31927	853146	20841	30158
29288	45	6588		-22	575	3657	2224	175
1485552	7091	152454	82241	68638	71821	93386	15964	1888

4-39 规模以上科学研究和技术

行业	固定资产原价(千元)	累计折旧(千元)	资产总计(千元)	负债合计(千元)	所有者权益合计(千元)	营业收入(千元)
总 计	**4229083**	**1819147**	**23099118**	**14229733**	**8869385**	**9947559**
研究和试验发展	455301	150495	1250223	751131	499092	244109
自然科学研究和试验发展						
工程和技术研究和试验发展	455301	150495	1250223	751131	499092	244109
农业科学研究和试验发展						
医学研究和试验发展						
社会人文科学研究						
专业技术服务业	2709547	1384435	18319488	10410196	7909292	9244094
气象服务						
地震服务						
海洋服务						
测绘地理信息服务	57124	46011	282127	89392	192735	183875
质检技术服务	237818	137394	659041	351348	307693	235398
环境与生态监测检测服务	38047	18531	101236	26037	75199	181115
地质勘查	329122	175628	2094584	1571966	522618	935656
工程技术与设计服务	1990935	1004230	15028567	8323901	6704666	7629062
工业与专业设计及其他专业技术服务	56501	2641	153933	47552	106381	78988
科技推广和应用服务业	1064235	284217	3529407	3068406	461001	459356
技术推广服务	107561	22619	428581	158905	269676	311117
知识产权服务						
科技中介服务						
创业空间服务	956674	261598	3100826	2909501	191325	148239
其他科技推广服务业						

服务业企业法人单位主要指标

营业成本（千元）	税金及附加（千元）	销售费用、管理费用、财务费用合计（千元）	投资收益（千元）	营业利润（千元）	利润总额（千元）	应付职工薪酬（千元）	应交增值税（千元）	平均用工人数（人）
7237976	**80252**	**1931698**	**26543**	**464034**	**507670**	**2232018**	**316414**	**24844**
163384	4155	92228	10025	6025	3752	95140	2645	817
163384	4155	92228	10025	6025	3752	95140	2645	817
6780471	53245	1743473	15237	422249	450485	2059817	282263	23029
120122	996	49958		12799	13277	35070	8096	580
104210	2672	123485	20	5051	7400	76004	12006	1347
117541	624	53652		9298	10202	24721	4497	331
797748	3556	115012	334	10002	9402	208079	21763	1841
5592461	45175	1387456	14883	368639	393744	1698237	234277	18664
48389	222	13910		16460	16460	17706	1624	266
294121	22852	95997	1281	35760	53433	77061	31506	998
221119	3281	25288	393	49915	49859	67201	24066	938
73002	19571	70709	888	-14155	3574	9860	7440	60

4-40 规模以上水利、环境和公共设施

行业	固定资产原价(千元)	累计折旧(千元)	资产总计(千元)	负债合计(千元)	所有者权益合计(千元)	营业收入(千元)
总计	**9667233**	**2274876**	**19215582**	**13448907**	**5766675**	**3477505**
水利管理业	1243976	439625	1103118	181075	922043	180750
防洪除涝设施管理						
水资源管理	175163	33685	210945	151899	59046	34865
天然水收集与分配	1068813	405940	892173	29176	862997	145885
水文服务						
其他水利管理业						
生态保护和环境治理业	499459	76658	1018210	430959	587251	196942
生态保护	172026	32635	527366	271998	255368	9075
环境治理业	327433	44023	490844	158961	331883	187867
公共设施管理业	7923798	1758593	17094254	12836873	4257381	3099813
市政设施管理	19466	9834	19624	4585	15039	6739
环境卫生管理	292732	60674	375448	106293	269155	176584
城乡市容管理						
绿化管理	363152	80399	3816519	3132310	684209	2304144
城市公园管理						
游览景区管理	7248448	1607686	12882663	9593685	3288978	612346
土地管理业						
土地整治服务						
土地调查评估服务						
土地登记服务						
土地登记代理服务						
其他土地管理服务						

管理业企业法人单位主要指标

营业成本（千元）	税金及附加（千元）	销售费用、管理费用、财务费用合计（千元）	投资收益（千元）	营业利润（千元）	利润总额（千元）	应付职工薪酬（千元）	应交增值税（千元）	平均用工人数（人）
2772310	**30586**	**895456**	**10664**	**-204000**	**-144750**	**640976**	**101448**	**19148**
149637	14873	19987	922	1846	1470	27431	4802	426
20659	7823	8837		2157	1357	8317	713	135
128978	7050	11150	922	-311	113	19114	4089	291
131406	1804	39120		31272	38750	22482	18137	376
15327	7	13899		-20158	-20596	4750		134
116079	1797	25221		51430	59346	17732	18137	242
2491267	13909	836349	9742	-237118	-184970	591063	78509	18346
2703	22	1750		2264	2261	673	71	21
126200	499	66799		-17028	-5977	99434	1085	4241
2024623	8348	161054		103478	102385	307662	69314	8831
337741	5040	606746	9742	-325832	-283639	183294	8039	5253

4-41 规模以上居民服务、修理和

行　业	固定资产原价（千元）	累计折旧（千元）	资产总计（千元）	负债合计（千元）	所有者权益合计（千元）	营业收入（千元）
总　计	**500085**	**178777**	**1886670**	**1261517**	**625153**	**1044050**
居民服务业	232832	93559	443329	398921	44408	194511
家庭服务	1103	157	7820	2728	5092	27688
托儿所服务						
洗染服务	9700	1256	18896	9514	9382	12378
理发及美容服务						
洗浴和保健养生服务	110058	61218	141967	181582	-39615	57396
摄影扩印服务						
婚姻服务						
殡葬服务	66409	27986	216637	143670	72967	63584
其他居民服务业	45562	2942	58009	61427	-3418	33465
机动车、电子产品和日用产品修理业	187886	45082	717650	441287	276363	302750
汽车、摩托车等修理与维护	180332	39897	589972	346230	243742	195971
计算机和办公设备维修	4585	4084	41735	26591	15144	51321
家用电器修理	2969	1101	78854	65151	13703	48691
其他日用产品修理业			7089	3315	3774	6767
其他服务业	79367	40136	725691	421309	304382	546789
清洁服务	79367	40136	725691	421309	304382	546789
宠物服务						
其他未列明服务业						

其他服务业企业法人单位主要指标

营业成本（千元）	税金及附加（千元）	销售费用、管理费用、财务费用合计（千元）	投资收益（千元）	营业利润（千元）	利润总额（千元）	应付职工薪酬（千元）	应交增值税（千元）	平均用工人数（人）
752891	**7299**	**251292**	**504**	**33970**	**44496**	**227741**	**26065**	**6368**
117146	1671	72488	-645	3638	4693	50025	2144	1772
20440	234	6490		528	736	19746	112	875
10400	62	1787		129	164	6206		245
24596	1248	36600		-3976	-3236	18125	1901	527
29741	77	26195	-645	6926	6999	4791		87
31969	50	1416		31	30	1157	131	38
262070	2134	48711	22	-8896	593	30736	7628	790
164417	1685	36235	22	-5097	-6014	10755	3520	368
48147	294	2085		795	788	14919	2814	324
44647	118	9519		-5593	4820	2862	980	38
4859	37	872		999	999	2200	314	60
373675	3494	130093	1127	39228	39210	146980	16293	3806
373675	3494	130093	1127	39228	39210	146980	16293	3806

4-42 规模以上教育企业法人

行业	固定资产原价(千元)	累计折旧(千元)	资产总计(千元)	负债合计(千元)	所有者权益合计(千元)	营业收入(千元)
总计	**1978497**	**330666**	**2778974**	**1825100**	**954508**	**523676**
学前教育						
初等教育	73373	26934	75153	49900	25253	85982
中等教育	572307	86286	807895	646677	161218	218164
高等教育	854466		1263194	635306	627888	48007
特殊教育						
技能培训、教育辅助及其他教育	478351	217446	632732	493217	140149	171523

4-43 规模以上卫生和社会工作

行业	固定资产原价(千元)	累计折旧(千元)	资产总计(千元)	负债合计(千元)	所有者权益合计(千元)	营业收入(千元)
总计	**1986420**	**892152**	**3288586**	**2290432**	**998154**	**2992472**
卫生	1986420	892152	3288586	2290432	998154	2992472
医院	1763908	811496	2911110	2060394	850716	2558935
基层医疗卫生服务						
专业公共卫生服务	41279	18839	66128	33835	32293	129677
其他卫生活动	181233	61817	311348	196203	115145	303860
社会工作						
提供住宿社会工作						
不提供住宿社会工作						

单位分行业主要指标

营业成本（千元）	税金及附加（千元）	销售费用、管理费用、财务费用合计（千元）	投资收益（千元）	营业利润（千元）	利润总额（千元）	应付职工薪酬（千元）	应交增值税（千元）	平均用工人数（人）
448795	**2899**	**145234**	**-1431**	**-74723**	**-65497**	**295195**	**4893**	**7259**
54607	6	34909		-3540	-1491	31739		925
206871	339	21180	-1431	-11634	-3996	143140	254	2940
64780				-16773	-16773	38058	60	511
122537	2554	89145		-42776	-43237	82258	4579	2883

企业法人单位分行业主要指标

营业成本（千元）	税金及附加（千元）	销售费用、管理费用、财务费用合计（千元）	投资收益（千元）	营业利润（千元）	利润总额（千元）	应付职工薪酬（千元）	应交增值税（千元）	平均用工人数（人）
2162098	**3028**	**762285**	**1238**	**76509**	**88320**	**707318**	**5584**	**13098**
2162098	3028	762285	1238	76509	88320	707318	5584	13098
1851792	2517	663579	1226	52629	64157	635353	866	11703
117956	313	10304		1104	728	9606	3885	251
192350	198	88402	12	22776	23435	62359	833	1144

4-44 规模以上文化、体育和

行业	固定资产原价(千元)	累计折旧(千元)	资产总计(千元)	负债合计(千元)
总计	**6846944**	**1511042**	**17560090**	**10652594**
新闻和出版业	1138134	544040	4934419	1827160
新闻业				
出版业	1138134	544040	4934419	1827160
广播、电视、电影和录音制作业	373400	163752	674843	402006
广播				
电视	22765	7521	74786	20548
影视节目制作				
广播电视集成播控				
电影和广播电视节目发行				
电影放映	350635	156231	600057	381458
录音制作				
文化艺术业	1720652	454851	7037144	4278411
文艺创作与表演	96971	54991	284585	224116
艺术表演场馆				
图书馆与档案馆				
文物及非物质文化遗产保护	1614413	399860	6732633	4050035
博物馆	9268		19926	4260
烈士陵园、纪念馆				
群众文体活动				
其他文化艺术业				
体育	95396	25688	171957	191470
体育组织	12046	3568	22845	11100
体育场地设施管理				
健身休闲活动	83350	22120	149112	180370
其他体育				
娱乐业	3519362	322711	4741727	3953547
室内娱乐活动	6264	1304	29900	18031
游乐园	3425269	300678	4291371	3681673
休闲观光活动	87133	20390	404002	241832
彩票活动				
文化体育娱乐活动与经纪代理服务	696	339	16454	12011
其他娱乐业				

娱乐业法人单位主要指标

所有者权益合计（千元）	营业收入（千元）	营业成本（千元）	税金及附加（千元）	销售费用、管理费用、财务费用合计（千元）	投资收益（千元）	营业利润（千元）
6907496	**3028659**	**1843560**	**40169**	**1184905**	**38305**	**113658**
3107259	1435479	915044	13836	495390	3415	101026
3107259	1435479	915044	13836	495390	3415	101026
272837	510233	333011	16310	163776	32980	38306
54238	16536	27842	527	13838	31519	13320
218599	493697	305169	15783	149938	1461	24986
2758733	600062	294985	4646	269408	1910	33058
60469	155746	82009	1242	47960	50	24654
2682598	407758	206879	2606	201189	1860	-1000
15666	36558	6097	798	20259		9404
-19513	47483	5670	726	46740		-5653
11745	8277	30		11115		-2868
-31258	39206	5640	726	35625		-2785
788180	435402	294850	4651	209591		-53079
11869	22145	9939	21	8005		4179
609698	331134	212342	2917	172308		-56815
162170	63594	45093	1704	18685		-1888
4443	18529	27476	9	10593		1445

第5篇

服务业行政事业及非企业法人单位篇

资料整理校对：曹启果　高彤彤

5-1　服务业行政事业及非企业法人单位分行业主要指标

行　业	单位数(个)	资产总计(千元)	非企业单位支出(费用)(千元)	从业人员期末人数(人)
总　计	**82898**	**909439540.9**	**431910412.3**	**1772604**
交通运输、仓储和邮政业	**297**	**14409650.2**	**2647167.2**	**15624**
道路运输业	269	12803386.0	2317452.2	14454
水上运输业				
航空运输业				
多式联运和运输代理业				
装卸搬运和仓储业	23	1357894.8	156256.8	677
邮政业				
信息传输、软件和信息技术服务业	**168**	**2537426.9**	**1110402.6**	**7034**
电信、广播电视和卫星传输服务	80	2297714.9	958371.2	6203
互联网和相关服务	33	22920.0	22521.5	142
软件和信息技术服务业	55	216792.1	129509.9	689
房地产业	**93**	**493225.2**	**340266.2**	**1490**
物业管理	40	159796.8	65614.6	515
房地产中介服务	12	9288.0	10617.7	97
房地产租赁经营	11	127003.7	37781.8	309
其他房地产业	30	197136.6	226252.1	569
租赁和商务服务业	**1624**	**16505159.6**	**5243790.5**	**16305**
租赁业	4		23.0	1
机械设备经营租赁	3		23.0	1
文体设备和用品出租				
商务服务业	1620	16505159.6	5243767.5	16304
组织管理服务	509	10190599.8	2816278.0	6854
综合管理服务	110	2382095.9	900230.6	1716
法律服务	380	294962.1	160599.3	1279
咨询与调查	206	668226.0	437478.3	1321
广告业	6	68241.1	6081.3	69
人力资源服务	235	306444.3	549642.0	3156
安全保护服务	36	165850.8	105388.8	706
会议、展览及相关服务	47	1596299.6	143431.9	556
其他商务服务业	91	832440.0	124637.2	647
科学研究和技术服务业	**3002**	**23745190.0**	**9552808.7**	**37844**
研究和试验发展	374	7789205.6	1707559.8	6608
专业技术服务业	1852	13751325.4	6849293.9	25784
科技推广和应用服务业	776	2204659.1	995955.0	5452
水利、环境和公共设施管理业	**1334**	**25144290.5**	**7604628.8**	**51116**
水利管理业	655	9216761.9	1476616.4	8786
防洪除涝设施管理	108	2765465.3	267973.6	874
水资源管理	288	3192798.9	712444.3	4047

注：1.根据数据保密相关规定，行业单位数量小于3个，未列出数据，导致总计与分项之和不等。
　　2.本表不含铁路运输业、金融业、房地产开发经营。

5-1 续表 1

行 业	单位数 (个)	资产总计 (千元)	非企业单位 支出(费用) (千元)	从业人员 期末人数 (人)
天然水收集与分配	96	1902250.1	228129.8	1805
水文服务	15	370375.2	89849.0	405
其他水利管理业	148	985872.3	178219.8	1655
生态保护和环境治理业	127	2087323.3	635049.4	2904
生态保护	87	1137770.5	395345.5	2190
环境治理业	40	949552.8	239703.8	714
公共设施管理业	481	12972239.2	5293786.2	38881
市政设施管理	103	6486980.5	1724974.8	3326
环境卫生管理	97	1451346.4	1335083.9	24311
城乡市容管理	30	188130.7	143333.9	2333
绿化管理	88	624768.3	738906.5	4341
城市公园管理	82	3686948.4	1075492.9	3183
游览景区管理	81	534065.0	275994.3	1387
土地管理业	71	867966.0	199176.8	545
土地整治服务	10	15804.8	10893.0	38
土地调查评估服务				
土地登记服务	22	26368.7	46828.3	178
土地登记代理服务	7	1254.1	3900.5	34
其他土地管理服务	31	824538.4	137554.9	295
居民服务、修理和其他服务业	**183**	**999485.7**	**301570.3**	**1443**
居民服务业	160	985637.9	277684.3	1162
机动车、电子产品和日用产品修理业	12	7630.2	9942.8	137
其他服务业	11	6217.6	13943.2	144
教育	**10351**	**191345111.0**	**81802608.5**	**541650**
学前教育	2538	5078318.9	3477008.7	55992
初等教育	2603	27843554.8	17897516.4	156391
中等教育	2478	79531330.4	35704323.2	239392
高等教育	161	68530540.0	19215484.9	51796
特殊教育	83	501401.3	296205.3	2232
技能培训、教育辅助及其他教育	2488	9859965.7	5212070.1	35847
卫生和社会工作	**4309**	**83147998.1**	**61213030.8**	**221826**
卫生	3135	79926001.3	59508043.5	212093
医院	644	66761641.4	49610623.9	152970
基层医疗卫生服务	1942	7509075.9	6436081.8	40114
专业公共卫生服务	509	5536435.8	3357608.7	18484
其他卫生活动	40	118848.3	103729.1	525
社会工作	1174	3221996.8	1704987.3	9733
提供住宿社会工作	905	2994974.6	1544801.3	8379
不提供住宿社会工作	269	227022.1	160186.0	1354
文化、体育和娱乐业	**1868**	**16920456.0**	**5844816.8**	**29201**
新闻和出版业	199	587107.8	513146.1	3625

5-1　续表 2

行　业	单位数(个)	资产总计(千元)	非企业单位支出(费用)(千元)	从业人员期末人数(人)
新闻业	124	201689.2	214884.6	1834
出版业	75	385418.7	298261.5	1791
广播、电视、电影和录音制作业	117	3173206.8	1029212.5	6788
广播	23	1886912.7	479825.5	2370
电视	53	1034759.4	430459.2	3487
影视节目制作	9	86857.6	69748.0	492
广播电视集成播控	3	15751.0	15444.3	101
电影和广播电视节目发行				
电影放映	25	132603.4	31980.3	306
录音制作				
文化艺术业	1267	9648421.5	3141371.9	16627
文艺创作与表演	158	579272.1	464211.9	4380
艺术表演场馆	20	123414.1	61775.4	194
图书馆与档案馆	273	1552899.7	556614.7	2920
文物及非物质文化遗产保护	216	1972826.2	956579.4	3105
博物馆	149	3878455.6	524121.4	2373
烈士陵园、纪念馆	56	625964.3	115667.5	520
群众文体活动	302	776978.4	388715.3	2371
其他文化艺术业	93	138611.1	73686.2	764
体育	210	2225227.5	888044.1	1501
体育组织	133	497432.6	146679.6	904
体育场地设施管理	21	1626974.5	705550.5	277
健身休闲活动	53	51755.5	26596.5	244
其他体育	3	49064.9	9217.5	76
娱乐业	75	1286492.4	273042.2	660
室内娱乐活动	12	65430.5	2701.6	43
游乐园				
休闲观光活动				
彩票活动	14	1143354.5	242007.4	379
文化体育娱乐活动与经纪代理服务	46	52456.7	25522.4	233
其他娱乐业				
公共管理、社会保障和社会组织	**59669**	**534191547.8**	**256249321.9**	**849071**
中国共产党机关	1586	5729971.8	6951825.0	29538
国家机构	17260	341114637.0	223141050.6	570744
人民政协、民主党派	320	256945.1	576223.8	3379
社会保障	718	677690.1	6693984.3	8102
群众团体、社会团体和其他成员组织	9874	16601757.1	4056615.2	39664
基层群众自治组织	29911	169810546.6	14829623.0	197644

5-2 交通运输、仓储和邮政业行政事业及非企业法人单位分地区主要指标

地区	单位数(个)	资产总计(千元)	非企业单位支出(费用)(千元)	从业人员期末人数(人)
全省	**297**	**14409650.2**	**2647167.2**	**15624**
太原市	31	5109188.0	484157.7	2165
大同市	33	2258220.0	598607.4	1692
阳泉市	6	170238.8	81740.0	340
长治市	14	176867.2	82653.0	818
晋城市	17	1909444.7	154756.7	875
朔州市	15	197122.4	85332.9	610
晋中市	49	928399.5	355674.9	4113
运城市	34	734621.6	179513.8	1753
忻州市	47	1188518.6	425493.7	1239
临汾市	24	704109.7	95255.6	1290
吕梁市	27	1032919.6	103981.4	729

注：本表不含铁路运输业。

5-3 信息传输、软件和信息技术服务业行政事业及非企业法人单位分地区主要指标

地区	单位数(个)	资产总计(千元)	非企业单位支出(费用)(千元)	从业人员期末人数(人)
全省	**168**	**2537426.9**	**1110402.6**	**7034**
太原市	40	1553953.0	676444.3	2533
大同市	19	48099.9	58357.0	285
阳泉市	1	288294.4	52131.9	886
长治市	12	48660.4	25724.4	197
晋城市	13	80335.8	79149.3	723
朔州市	11	13139.6	11378.5	109
晋中市	11	56876.6	19686.7	242
运城市	12	73578.5	65144.0	755
忻州市	23	115785.3	47743.9	566
临汾市	9	235257.4	56556.9	590
吕梁市	17	23445.9	18085.8	148

5-4　租赁和商务服务业行政事业及非企业法人单位分地区主要指标

地　区	单位数(个)	资产总计(千元)	非企业单位支出(费用)(千元)	从业人员期末人数(人)
全　省	**1624**	**16505159.6**	**5243790.5**	**16305**
太原市	326	8010919.6	3038873.6	4725
大同市	141	339282.7	279839.4	1237
阳泉市	28	250047.2	88046.8	165
长治市	102	195875.2	104342.3	610
晋城市	103	940196.7	236453.9	2159
朔州市	108	344454.4	210475.5	915
晋中市	136	441785.0	299491.7	921
运城市	117	239024.0	142071.4	1023
忻州市	210	694842.8	242541.6	1187
临汾市	187	431509.0	228800.3	1765
吕梁市	166	4617223.0	372854.0	1598

5-5　科学研究和技术服务业行政事业及非企业法人单位分地区主要指标

地　区	单位数(个)	资产总计(千元)	非企业单位支出(费用)(千元)	从业人员期末人数(人)
全　省	**3002**	**23745190.0**	**9552808.7**	**37844**
太原市	425	15303954.9	5065792.8	13225
大同市	309	967962.7	715527.0	3078
阳泉市	103	325989.4	315532.7	1027
长治市	403	1242290.7	505066.5	4401
晋城市	181	501457.3	165447.5	1199
朔州市	155	951324.2	216050.9	1238
晋中市	308	848567.0	600075.3	2318
运城市	168	1220606.8	530776.4	2943
忻州市	368	1191641.5	616733.1	2939
临汾市	306	685345.4	464818.3	3153
吕梁市	276	506050.0	356988.3	2323

5-6 水利、环境和公共设施管理业行政事业及非企业法人单位分地区主要指标

地 区	单位数(个)	资产总计(千元)	非企业单位支出(费用)(千元)	从业人员期末人数(人)
全 省	**1334**	**25144290.5**	**7604628.8**	**51116**
太原市	178	9284429.5	2732769.7	7101
大同市	135	2672764.1	922156.7	7544
阳泉市	8	15618.0	16799.8	45
长治市	95	1046758.2	385127.5	5978
晋城市	87	1443951.6	374029.6	2174
朔州市	81	896818.4	425611.7	4302
晋中市	131	2470336.1	414093.8	2087
运城市	130	3264146.3	687536.7	4435
忻州市	200	1607091.7	712861.6	6848
临汾市	174	1461570.6	456663.0	4599
吕梁市	115	980805.9	476978.7	6003

5-7 居民服务、修理和其他服务业行政事业及非企业法人单位分地区主要指标

地 区	单位数(个)	资产总计(千元)	非企业单位支出(费用)(千元)	从业人员期末人数(人)
全 省	**183**	**999485.7**	**301570.3**	**1443**
太原市	38	333955.6	160651.1	381
大同市	19	158481.9	33514.2	122
阳泉市	5	977.2	4409.9	21
长治市	11	3453.4	2088.8	54
晋城市	13	23671.9	12219.9	118
朔州市	6	128119.4	35400.5	95
晋中市	32	31698.0	14411.0	160
运城市	14	3628.8	3609.1	33
忻州市	8	108957.4	5520.6	97
临汾市	23	183199.8	21590.3	246
吕梁市	14	23342.4	8155.1	116

5-8　教育行政事业及非企业法人单位分地区主要指标

地　区	单位数(个)	资产总计(千元)	非企业单位支出(费用)(千元)	从业人员期末人数(人)
全　省	**10351**	**191345111.0**	**81802608.5**	**541650**
太原市	1376	63624846.5	24421908.5	85456
大同市	820	10780958.0	6300753.9	46566
阳泉市	309	4401148.3	1954966.0	15392
长治市	974	11678566.1	5979112.3	48759
晋城市	634	6963786.8	3351823.1	29277
朔州市	542	5731145.4	3088021.6	30020
晋中市	1097	32151206.4	10518175.8	59205
运城市	1226	13738681.9	7196228.4	67414
忻州市	851	16491321.7	5298684.8	43878
临汾市	1315	16091113.9	6815050.4	61752
吕梁市	1207	9692336.0	6877883.8	53931

5-9　卫生和社会工作行政事业及非企业法人单位分地区主要指标

地　区	单位数(个)	资产总计(千元)	非企业单位支出(费用)(千元)	从业人员期末人数(人)
全　省	**4309**	**83147998.1**	**61213030.8**	**221826**
太原市	411	26070605.3	19449633.1	47700
大同市	377	8338308.2	5383606.7	18264
阳泉市	156	2596043.1	2055642.2	8438
长治市	436	8877520.3	5590946.8	22777
晋城市	269	4180156.7	4810204.6	13660
朔州市	244	2061517.5	1540725.4	6856
晋中市	449	8046581.6	4575836.8	24917
运城市	490	7313581.4	5488118.4	25812
忻州市	480	4173752.9	3091404.2	15091
临汾市	583	6785838.5	4816129.3	21744
吕梁市	414	4704092.5	4410783.2	16567

5-10 文化、体育和娱乐业行政事业及非企业法人单位分地区主要指标

地 区	单位数（个）	资产总计（千元）	非企业单位支出(费用)（千元）	从业人员期末人数（人）
全 省	**1868**	**16920456.0**	**5844816.8**	**29201**
太原市	272	9541536.4	2612686.8	6259
大同市	147	838746.2	359702.3	2200
阳泉市	71	224775.9	132784.0	1032
长治市	247	1480916.7	566057.3	4029
晋城市	112	579320.3	185400.3	1054
朔州市	75	430043.7	158416.0	1358
晋中市	222	921805.0	409926.7	3132
运城市	192	1063988.8	447344.0	3036
忻州市	179	293354.5	236196.9	1726
临汾市	172	875133.4	343143.7	2929
吕梁市	179	670835.1	393158.8	2446

5-11 公共管理、社会保障和社会组织行政事业及非企业法人单位分地区主要指标

地 区	单位数（个）	资产总计（千元）	非企业单位支出(费用)（千元）	从业人员期末人数（人）
全 省	**59669**	**534191547.8**	**256249321.9**	**849071**
太原市	4921	157042134.9	53464005.1	89750
大同市	4737	32332222.2	22877981.9	65681
阳泉市	2347	25879024.5	9009636.3	38751
长治市	6919	50653130.2	20310278.8	87408
晋城市	4031	49344051.9	15981707.9	55613
朔州市	3382	16215135.6	12132003.0	40412
晋中市	5497	42424286.0	29595240.5	79103
运城市	6287	36004324.5	20737999.5	99600
忻州市	8031	27797665.3	19535484.0	82976
临汾市	6913	41921578.0	22977959.2	112059
吕梁市	6604	54577994.7	29627025.8	97718

第6篇

企业信息化情况篇

资料整理校对：宋　欣

6-1 分行业企业使用计算机情况

行　业	企业数（个）	使用计算机的企业		期末在用计算机数（台）	每百人拥有计算机数（台）
		数量（个）	比重（%）		
总　计	**14635**	**14584**	**99.7**	**721306**	**23**
采矿业	**1302**	**1298**	**99.7**	**154743**	**17**
煤炭开采和洗选业	1123	1120	99.7	150687	17
石油和天然气开采业	18	18	100.0	1879	33
黑色金属矿采选业	125	124	99.2	1604	9
有色金属矿采选业	21	21	100.0	479	17
非金属矿采选业	15	15	100.0	94	8
开采专业及辅助性活动					
其他采矿业					
制造业	**2377**	**2373**	**99.8**	**156430**	**19**
农副食品加工业	154	153	99.4	2452	11
食品制造业	76	76	100.0	3038	19
酒、饮料和精制茶制造业	57	57	100.0	4669	21
烟草制品业	1	1	100.0	500	54
纺织业	22	22	100.0	494	10
纺织服装、服饰业	15	15	100.0	1113	19
皮革、毛皮、羽毛及其制品和制鞋业	1	1	100.0	2	1
木材加工和木、竹、藤、棕、草制品业	4	4	100.0	89	13
家具制造业	5	5	100.0	101	21
造纸和纸制品业	27	27	100.0	383	15
印刷和记录媒介复制业	26	26	100.0	1106	27
文教、工美、体育和娱乐用品制造业	12	12	100.0	568	27
石油、煤炭及其他燃料加工业	127	126	99.2	13036	14
化学原料和化学制品制造业	257	257	100.0	13252	18
医药制造业	94	94	100.0	7020	23
化学纤维制造业	1	1	100.0	38	10
橡胶和塑料制品业	57	57	100.0	1494	15
非金属矿物制品业	482	480	99.6	9822	13
黑色金属冶炼和压延加工业	110	110	100.0	16731	13
有色金属冶炼和压延加工业	84	84	100.0	10633	22
金属制品业	215	215	100.0	5858	15
通用设备制造业	124	124	100.0	5668	26
专用设备制造业	169	169	100.0	13116	27

6-1　续表 1

行　　业	企业数（个）	使用计算机的企业		期末在用计算机数（台）	每百人拥有计算机数（台）
		数量（个）	比重（%）		
汽车制造业	51	51	100.0	7299	29
铁路、船舶、航空航天和其他运输设备制造业	29	29	100.0	6282	40
电气机械和器材制造业	84	84	100.0	6729	43
计算机、通信和其他电子设备制造业	42	42	100.0	22070	20
仪器仪表制造业	23	23	100.0	2101	75
其他制造业	2	2	100.0	39	7
废弃资源综合利用业	9	9	100.0	302	32
金属制品、机械和设备修理业	17	17	100.0	425	12
电力、热力、燃气及水生产和供应业	**373**	**373**	**100.0**	**68273**	**73**
电力、热力生产和供应业	295	295	100.0	60571	97
燃气生产和供应业	60	60	100.0	5550	27
水的生产和供应业	18	18	100.0	2152	20
建筑业	**3020**	**3006**	**99.5**	**82068**	**15**
房屋建筑业	1049	1047	99.8	27766	11
土木工程建筑业	796	793	99.6	39392	20
建筑安装业	536	532	99.3	8363	20
建筑装饰、装修和其他建筑业	639	634	99.2	6547	14
批发和零售业	**3048**	**3044**	**99.9**	**78175**	**36**
批发业	1097	1094	99.7	29816	39
零售业	1951	1950	99.9	48359	35
交通运输、仓储和邮政业	**494**	**494**	**100.0**	**25770**	**13**
铁路运输业	15	15	100.0	2809	3
道路运输业	360	360	100.0	9772	15
水上运输业					
航空运输业	11	11	100.0	2056	51
管道运输业					
多式联运和运输代理业	13	13	100.0	331	16
装卸搬运和仓储业	72	72	100.0	1069	18
邮政业	23	23	100.0	9733	51
住宿和餐饮业	**778**	**777**	**99.9**	**14500**	**21**
住宿业	346	345	99.7	8238	26
餐饮业	432	432	100.0	6262	16

6-1 续表 2

行业	企业数（个）	使用计算机的企业		期末在用计算机数（台）	每百人拥有计算机数（台）
		数量（个）	比重（%）		
信息传输、软件和信息技术服务业	**118**	**117**	**99.2**	**63314**	**138**
电信、广播电视和卫星传输服务	70	69	98.6	56960	151
互联网和相关服务	5	5	100.0	1597	113
软件和信息技术服务业	43	43	100.0	4757	70
房地产业	**2392**	**2373**	**99.2**	**30340**	**37**
房地产业	2392	2373	99.2	30340	37
租赁和商务服务业	**211**	**208**	**98.6**	**8509**	**15**
租赁业	5	5	100.0	149	29
商务服务业	206	203	98.5	8360	15
科学研究和技术服务业	**166**	**166**	**100.0**	**17814**	**70**
研究和试验发展	7	7	100.0	447	54
专业技术服务业	149	149	100.0	17151	73
科技推广和应用服务业	10	10	100.0	216	21
水利、环境和公共设施管理业	**64**	**64**	**100.0**	**2239**	**11**
水利管理业	4	4	100.0	122	29
生态保护和环境治理业	6	6	100.0	149	39
公共设施管理业	54	54	100.0	1968	10
土地管理业					
居民服务、修理和其他服务业	**48**	**47**	**97.9**	**962**	**15**
居民服务业	18	18	100.0	414	23
机动车、电子产品和日用产品修理业	16	16	100.0	324	40
其他服务业	14	13	92.9	224	6
教育	**57**	**57**	**100.0**	**7136**	**99**
教育	57	57	100.0	7136	99
卫生和社会工作	**96**	**96**	**100.0**	**6197**	**47**
卫生	96	96	100.0	6197	47
社会工作					
文化、体育和娱乐业	**91**	**91**	**100.0**	**4836**	**44**
新闻和出版业	21	21	100.0	2898	79
广播、电视、电影和录音制作业	29	29	100.0	587	35
文化艺术业	20	20	100.0	561	18
体育	5	5	100.0	77	22
娱乐业	16	16	100.0	713	36

6-2　分地区企业使用计算机情况

地　区	企业数(个)	使用计算机的企业		期末在用计算机数(台)	每百人拥有计算机数(台)
		数量(个)	比重(%)		
全　省	**14635**	**14584**	**99.7**	**721306**	**23**
太原市	3960	3939	99.5	262229	29
大同市	984	980	99.6	56711	19
阳泉市	592	591	99.8	28745	17
长治市	1361	1361	100.0	52561	18
晋城市	915	914	99.9	66301	24
朔州市	733	731	99.7	23577	18
晋中市	1472	1464	99.5	57467	21
运城市	1575	1567	99.5	61074	25
忻州市	959	956	99.7	24863	20
临汾市	1109	1109	100.0	45759	22
吕梁市	975	972	99.7	42019	17

6-3 分行业企业

行业	企业数(个)	使用信息化管理的企业		财务管理		购销存管理	
		数量(个)	比重(%)	数量(个)	占使用信息化管理企业比重(%)	数量(个)	占使用信息化管理企业比重(%)
总　计	**14635**	**13963**	**95.4**	**11885**	**85.1**	**5171**	**37.0**
采矿业	**1302**	**1254**	**96.3**	**1166**	**93.0**	**570**	**45.5**
煤炭开采和洗选业	1123	1081	96.3	1015	93.9	508	47.0
石油和天然气开采业	18	18	100.0	17	94.4	11	61.1
黑色金属矿采选业	125	122	97.6	105	86.1	38	31.1
有色金属矿采选业	21	21	100.0	19	90.5	7	33.3
非金属矿采选业	15	12	80.0	10	83.3	6	50.0
开采专业及辅助性活动							
其他采矿业							
制造业	**2377**	**2285**	**96.1**	**2070**	**90.6**	**1325**	**58.0**
农副食品加工业	154	149	96.8	123	82.6	88	59.1
食品制造业	76	74	97.4	63	85.1	57	77.0
酒、饮料和精制茶制造业	57	57	100.0	55	96.5	33	57.9
烟草制品业	1	1	100.0	1	100.0	1	100.0
纺织业	22	20	90.9	15	75.0	10	50.0
纺织服装、服饰业	15	14	93.3	12	85.7	8	57.1
皮革、毛皮、羽毛及其制品和制鞋业	1	1	100.0	1	100.0		
木材加工和木、竹、藤、棕、草制品业	4	4	100.0	4	100.0	3	75.0
家具制造业	5	5	100.0	4	80.0	3	60.0
造纸和纸制品业	27	24	88.9	21	87.5	15	62.5
印刷和记录媒介复制业	26	26	100.0	26	100.0	20	76.9
文教、工美、体育和娱乐用品制造业	12	12	100.0	11	91.7	9	75.0
石油、煤炭及其他燃料加工业	127	126	99.2	118	93.7	78	61.9
化学原料和化学制品制造业	257	245	95.3	231	94.3	146	59.6
医药制造业	94	91	96.8	82	90.1	71	78.0
化学纤维制造业	1	1	100.0	1	100.0	1	100.0
橡胶和塑料制品业	57	55	96.5	51	92.7	31	56.4
非金属矿物制品业	482	460	95.4	400	87.0	216	47.0
黑色金属冶炼和压延加工业	110	105	95.5	96	91.4	55	52.4
有色金属冶炼和压延加工业	84	83	98.8	81	97.6	54	65.1
金属制品业	215	206	95.8	187	90.8	110	53.4
通用设备制造业	124	119	96.0	112	94.1	51	42.9
专用设备制造业	169	162	95.9	151	93.2	102	63.0

信息化管理情况

生产制造管理		物流配送管理		客户关系管理		人力资源管理		其他	
数量（个）	占使用信息化管理企业比重（%）	数量（个）	占使用信息化管理企业比重（%）	数量（个）	占使用信息化管理企业比重（%）	数量（个）	占使用信息化管理企业比重（%）	数量（个）	占使用信息化管理企业比重（%）
1675	**12.0**	**878**	**6.3**	**2897**	**20.7**	**3808**	**27.3**	**2822**	**20.2**
241	**19.2**	**66**	**5.3**	**154**	**12.3**	**388**	**30.9**	**181**	**14.4**
221	20.4	62	5.7	133	12.3	357	33.0	148	13.7
5	27.8	1	5.6	3	16.7	10	55.6	1	5.6
11	9.0	2	1.6	13	10.7	16	13.1	27	22.1
4	19.0	1	4.8	4	19.0	4	19.0	2	9.5
				1	8.3	1	8.3	3	25.0
845	**37.0**	**270**	**11.8**	**549**	**24.0**	**708**	**31.0**	**274**	**12.0**
57	38.3	21	14.1	35	23.5	26	17.4	25	16.8
27	36.5	17	23.0	23	31.1	17	23.0	8	10.8
27	47.4	16	28.1	13	22.8	27	47.4	9	15.8
1	100.0	1	100.0			1	100.0		
6	30.0	1	5.0	4	20.0	4	20.0	2	10.0
5	35.7	2	14.3	3	21.4	6	42.9	2	14.3
1	25.0								
3	60.0							1	20.0
10	41.7	2	8.3	6	25.0	4	16.7	3	12.5
15	57.7	4	15.4	9	34.6	8	30.8		
4	33.3	1	8.3	1	8.3	4	33.3	2	16.7
40	31.7	14	11.1	17	13.5	62	49.2	8	6.3
87	35.5	36	14.7	68	27.8	87	35.5	28	11.4
38	41.8	21	23.1	27	29.7	36	39.6	12	13.2
1	100.0								
19	34.5	4	7.3	15	27.3	12	21.8	6	10.9
179	38.9	37	8.0	86	18.7	112	24.3	50	10.9
41	39.0	14	13.3	22	21.0	35	33.3	5	4.8
27	32.5	8	9.6	15	18.1	30	36.1	11	13.3
72	35.0	13	6.3	54	26.2	48	23.3	25	12.1
38	31.9	7	5.9	37	31.1	28	23.5	16	13.4
55	34.0	15	9.3	39	24.1	60	37.0	25	15.4

6-3 续表 1

行业	企业数(个)	使用信息化管理的企业		财务管理		购销存管理	
		数量(个)	比重(%)	数量(个)	占使用信息化管理企业比重(%)	数量(个)	占使用信息化管理企业比重(%)
汽车制造业	51	50	98.0	46	92.0	36	72.0
铁路、船舶、航空航天和其他运输设备制造业	29	28	96.6	27	96.4	14	50.0
电气机械和器材制造业	84	78	92.9	69	88.5	52	66.7
计算机、通信和其他电子设备制造业	42	40	95.2	38	95.0	33	82.5
仪器仪表制造业	23	23	100.0	22	95.7	14	60.9
其他制造业	2	2	100.0	2	100.0	2	100.0
废弃资源综合利用业	9	7	77.8	6	85.7	5	71.4
金属制品、机械和设备修理业	17	17	100.0	14	82.4	7	41.2
电力、热力、燃气及水生产和供应业	**373**	**363**	**97.3**	**324**	**89.3**	**147**	**40.5**
电力、热力生产和供应业	295	288	97.6	253	87.8	108	37.5
燃气生产和供应业	60	57	95.0	55	96.5	33	57.9
水的生产和供应业	18	18	100.0	16	88.9	6	33.3
建筑业	**3020**	**2894**	**95.8**	**2453**	**84.8**	**478**	**16.5**
房屋建筑业	1049	1005	95.8	850	84.6	120	11.9
土木工程建筑业	796	761	95.6	675	88.7	135	17.7
建筑安装业	536	513	95.7	431	84.0	112	21.8
建筑装饰、装修和其他建筑业	639	615	96.2	497	80.8	111	18.0
批发和零售业	**3048**	**2910**	**95.5**	**2351**	**80.8**	**1700**	**58.4**
批发业	1097	1028	93.7	902	87.7	528	51.4
零售业	1951	1882	96.5	1449	77.0	1172	62.3
交通运输、仓储和邮政业	**494**	**459**	**92.9**	**392**	**85.4**	**88**	**19.2**
铁路运输业	15	15	100.0	13	86.7	4	26.7
道路运输业	360	329	91.4	273	83.0	48	14.6
水上运输业							
航空运输业	11	11	100.0	10	90.9	2	18.2
管道运输业							
多式联运和运输代理业	13	12	92.3	11	91.7	1	8.3
装卸搬运和仓储业	72	69	95.8	64	92.8	29	42.0
邮政业	23	23	100.0	21	91.3	4	17.4
住宿和餐饮业	**778**	**740**	**95.1**	**562**	**75.9**	**322**	**43.5**
住宿业	346	331	95.7	268	81.0	136	41.1
餐饮业	432	409	94.7	294	71.9	186	45.5

生产制造管理		物流配送管理		客户关系管理		人力资源管理		其他	
数量（个）	占使用信息化管理企业比重（%）	数量（个）	占使用信息化管理企业比重（%）	数量（个）	占使用信息化管理企业比重（%）	数量（个）	占使用信息化管理企业比重（%）	数量（个）	占使用信息化管理企业比重（%）
20	40.0	10	20.0	12	24.0	17	34.0	8	16.0
11	39.3	2	7.1	7	25.0	16	57.1	4	14.3
27	34.6	12	15.4	23	29.5	25	32.1	11	14.1
21	52.5	9	22.5	22	55.0	23	57.5	4	10.0
9	39.1	2	8.7	5	21.7	8	34.8	4	17.4
				1	50.0	1	50.0		
3	42.9	1	14.3	2	28.6	3	42.9	2	28.6
1	5.9			3	17.6	8	47.1	3	17.6
181	**49.9**	**13**	**3.6**	**73**	**20.1**	**170**	**46.8**	**63**	**17.4**
162	56.3	12	4.2	48	16.7	127	44.1	47	16.3
12	21.1	1	1.8	22	38.6	32	56.1	10	17.5
7	38.9			3	16.7	11	61.1	6	33.3
173	**6.0**	**51**	**1.8**	**437**	**15.1**	**776**	**26.8**	**791**	**27.3**
64	6.4	14	1.4	130	12.9	296	29.5	289	28.8
55	7.2	14	1.8	112	14.7	237	31.1	217	28.5
21	4.1	12	2.3	90	17.5	118	23.0	115	22.4
33	5.4	11	1.8	105	17.1	125	20.3	170	27.6
84	**2.9**	**330**	**11.3**	**808**	**27.8**	**602**	**20.7**	**476**	**16.4**
28	2.7	122	11.9	197	19.2	192	18.7	139	13.5
56	3.0	208	11.1	611	32.5	410	21.8	337	17.9
17	**3.7**	**81**	**17.6**	**55**	**12.0**	**116**	**25.3**	**106**	**23.1**
		3	20.0			4	26.7	5	33.3
11	3.3	57	17.3	33	10.0	65	19.8	73	22.2
1	9.1	1	9.1	2	18.2	7	63.6	6	54.5
		3	25.0	1	8.3	5	41.7	3	25.0
2	2.9	2	2.9	8	11.6	20	29.0	13	18.8
3	13.0	15	65.2	11	47.8	15	65.2	6	26.1
21	**2.8**	**22**	**3.0**	**176**	**23.8**	**173**	**23.4**	**167**	**22.6**
8	2.4	3	0.9	95	28.7	88	26.6	71	21.5
13	3.2	19	4.6	81	19.8	85	20.8	96	23.5

6-3 续表 2

行业	企业数(个)	使用信息化管理的企业		财务管理		购销存管理	
		数量(个)	比重(%)	数量(个)	占使用信息化管理企业比重(%)	数量(个)	占使用信息化管理企业比重(%)
信息传输、软件和信息技术服务业	**118**	**116**	**98.3**	**110**	**94.8**	**56**	**48.3**
电信、广播电视和卫星传输服务	70	69	98.6	66	95.7	31	44.9
互联网和相关服务	5	5	100.0	5	100.0	3	60.0
软件和信息技术服务业	43	42	97.7	39	92.9	22	52.4
房地产业	**2392**	**2242**	**93.7**	**1878**	**83.8**	**304**	**13.6**
房地产业	2392	2242	93.7	1878	83.8	304	13.6
租赁和商务服务业	**211**	**197**	**93.4**	**174**	**88.3**	**34**	**17.3**
租赁业	5	5	100.0	5	100.0	1	20.0
商务服务业	206	192	93.2	169	88.0	33	17.2
科学研究和技术服务业	**166**	**158**	**95.2**	**136**	**86.1**	**21**	**13.3**
研究和试验发展	7	7	100.0	6	85.7	2	28.6
专业技术服务业	149	142	95.3	125	88.0	17	12.0
科技推广和应用服务业	10	9	90.0	5	55.6	2	22.2
水利、环境和公共设施管理业	**64**	**61**	**95.3**	**55**	**90.2**	**21**	**34.4**
水利管理业	4	4	100.0	4	100.0	1	25.0
生态保护和环境治理业	6	6	100.0	4	66.7	2	33.3
公共设施管理业	54	51	94.4	47	92.2	18	35.3
土地管理业							
居民服务、修理和其他服务业	**48**	**45**	**93.8**	**30**	**66.7**	**14**	**31.1**
居民服务业	18	18	100.0	11	61.1	6	33.3
机动车、电子产品和日用产品修理业	16	15	93.8	11	73.3	6	40.0
其他服务业	14	12	85.7	8	66.7	2	16.7
教育	**57**	**56**	**98.2**	**30**	**53.6**	**2**	**3.6**
教育	57	56	98.2	30	53.6	2	3.6
卫生和社会工作	**96**	**94**	**97.9**	**76**	**80.9**	**54**	**57.4**
卫生	96	94	97.9	76	80.9	54	57.4
社会工作							
文化、体育和娱乐业	**91**	**89**	**97.8**	**78**	**87.6**	**35**	**39.3**
新闻和出版业	21	21	100.0	20	95.2	9	42.9
广播、电视、电影和录音制作业	29	28	96.6	23	82.1	13	46.4
文化艺术业	20	19	95.0	17	89.5	3	15.8
体育	5	5	100.0	2	40.0		
娱乐业	16	16	100.0	16	100.0	10	62.5

生产制造管理		物流配送管理		客户关系管理		人力资源管理		其他	
数量（个）	占使用信息化管理企业比重（%）	数量（个）	占使用信息化管理企业比重（%）	数量（个）	占使用信息化管理企业比重（%）	数量（个）	占使用信息化管理企业比重（%）	数量（个）	占使用信息化管理企业比重（%）
12	**10.3**	**18**	**15.5**	**46**	**39.7**	**67**	**57.8**	**18**	**15.5**
8	11.6	17	24.6	31	44.9	44	63.8	10	14.5
1	20.0			3	60.0	4	80.0	2	40.0
3	7.1	1	2.4	12	28.6	19	45.2	6	14.3
48	**2.1**	**12**	**0.5**	**441**	**19.7**	**550**	**24.5**	**552**	**24.6**
48	2.1	12	0.5	441	19.7	550	24.5	552	24.6
9	**4.6**	**6**	**3.0**	**40**	**20.3**	**78**	**39.6**	**47**	**23.9**
				1	20.0	3	60.0		
9	4.7	6	3.1	39	20.3	75	39.1	47	24.5
24	**15.2**	**2**	**1.3**	**32**	**20.3**	**61**	**38.6**	**38**	**24.1**
3	42.9			1	14.3	2	28.6	1	14.3
20	14.1	2	1.4	30	21.1	57	40.1	34	23.9
1	11.1			1	11.1	2	22.2	3	33.3
5	**8.2**	**2**	**3.3**	**17**	**27.9**	**30**	**49.2**	**14**	**23.0**
2	50.0					2	50.0	1	25.0
1	16.7	1	16.7	1	16.7	1	16.7	2	33.3
2	3.9	1	2.0	16	31.4	27	52.9	11	21.6
2	**4.4**	**1**	**2.2**	**15**	**33.3**	**15**	**33.3**	**12**	**26.7**
1	5.6	1	5.6	6	33.3	7	38.9	6	33.3
1	6.7			4	26.7	2	13.3	3	20.0
				5	41.7	6	50.0	3	25.0
				10	**17.9**	**9**	**16.1**	**34**	**60.7**
				10	17.9	9	16.1	34	60.7
7	**7.4**	**1**	**1.1**	**26**	**27.7**	**28**	**29.8**	**28**	**29.8**
7	7.4	1	1.1	26	27.7	28	29.8	28	29.8
6	**6.7**	**3**	**3.4**	**18**	**20.2**	**37**	**41.6**	**21**	**23.6**
4	19.0	3	14.3	3	14.3	7	33.3	4	19.0
				7	25.0	10	35.7	7	25.0
1	5.3			3	15.8	10	52.6	4	21.1
				3	60.0	1	20.0	3	60.0
1	6.3			2	12.5	9	56.3	3	18.8

6-4 分地区企业

地区	企业数(个)	使用信息化管理的企业		财务管理		购销存管理		生产制造管理	
		数量(个)	比重(%)	数量(个)	占使用信息化管理企业比重(%)	数量(个)	占使用信息化管理企业比重(%)	数量(个)	占使用信息化管理企业比重(%)
全省	**14635**	**13963**	**95.4**	**11885**	**85.1**	**5171**	**37.0**	**1675**	**12.0**
太原市	3960	3747	94.6	3304	88.2	1219	32.5	306	8.2
大同市	984	933	94.8	729	78.1	315	33.8	124	13.3
阳泉市	592	575	97.1	483	84.0	216	37.6	84	14.6
长治市	1361	1288	94.6	1117	86.7	487	37.8	145	11.3
晋城市	915	877	95.8	739	84.3	400	45.6	104	11.9
朔州市	733	702	95.8	560	79.8	284	40.5	96	13.7
晋中市	1472	1408	95.7	1241	88.1	586	41.6	231	16.4
运城市	1575	1510	95.9	1261	83.5	585	38.7	219	14.5
忻州市	959	924	96.4	734	79.4	313	33.9	125	13.5
临汾市	1109	1064	95.9	918	86.3	400	37.6	120	11.3
吕梁市	975	935	95.9	799	85.5	366	39.1	121	12.9

信息化管理情况

物流配送管理		客户关系管理		人力资源管理		其他	
数量（个）	占使用信息化管理企业比重（%）	数量（个）	占使用信息化管理企业比重（%）	数量（个）	占使用信息化管理企业比重（%）	数量（个）	占使用信息化管理企业比重（%）
878	**6.3**	**2897**	**20.7**	**3808**	**27.3**	**2822**	**20.2**
207	5.5	756	20.2	1137	30.3	741	19.8
58	6.2	223	23.9	283	30.3	236	25.3
45	7.8	120	20.9	163	28.3	133	23.1
69	5.4	228	17.7	298	23.1	244	18.9
57	6.5	206	23.5	249	28.4	153	17.4
35	5.0	132	18.8	183	26.1	138	19.7
120	8.5	285	20.2	382	27.1	260	18.5
110	7.3	380	25.2	375	24.8	312	20.7
41	4.4	163	17.6	197	21.3	237	25.6
60	5.6	233	21.9	287	27.0	198	18.6
76	8.1	171	18.3	254	27.2	170	18.2

6-5 分行业企业

行　业	企业数（个）	使用局域网的企业	
		数量（个）	比重（%）
总　计	**14635**	**9841**	**67.2**
采矿业	**1302**	**918**	**70.5**
煤炭开采和洗选业	1123	817	72.8
石油和天然气开采业	18	17	94.4
黑色金属矿采选业	125	66	52.8
有色金属矿采选业	21	14	66.7
非金属矿采选业	15	4	26.7
开采专业及辅助性活动			
其他采矿业			
制造业	**2377**	**1805**	**75.9**
农副食品加工业	154	107	69.5
食品制造业	76	58	76.3
酒、饮料和精制茶制造业	57	49	86.0
烟草制品业	1	1	100.0
纺织业	22	15	68.2
纺织服装、服饰业	15	12	80.0
皮革、毛皮、羽毛及其制品和制鞋业	1		
木材加工和木、竹、藤、棕、草制品业	4	3	75.0
家具制造业	5	4	80.0
造纸和纸制品业	27	15	55.6
印刷和记录媒介复制业	26	23	88.5
文教、工美、体育和娱乐用品制造业	12	11	91.7
石油、煤炭及其他燃料加工业	127	110	86.6
化学原料和化学制品制造业	257	202	78.6
医药制造业	94	81	86.2
化学纤维制造业	1	1	100.0
橡胶和塑料制品业	57	41	71.9
非金属矿物制品业	482	315	65.4
黑色金属冶炼和压延加工业	110	84	76.4
有色金属冶炼和压延加工业	84	72	85.7
金属制品业	215	151	70.2
通用设备制造业	124	94	75.8
专用设备制造业	169	133	78.7

使用网络情况

使用互联网的企业		窄带接入		宽带接入	
数量（个）	比重（%）	数量（个）	占接入互联网企业比重（%）	数量（个）	占接入互联网企业比重（%）
14570	**99.6**	**543**	**3.7**	**14456**	**99.2**
1296	**99.5**	**50**	**3.9**	**1288**	**99.4**
1118	99.6	41	3.7	1112	99.5
17	94.4	1	5.9	17	100.0
125	100.0	5	4.0	124	99.2
21	100.0	1	4.8	21	100.0
15	100.0	2	13.3	14	93.3
2368	**99.6**	**70**	**3.0**	**2349**	**99.2**
153	99.4	10	6.5	149	97.4
76	100.0	4	5.3	76	100.0
57	100.0	3	5.3	57	100.0
1	100.0			1	100.0
22	100.0	1	4.5	22	100.0
15	100.0	1	6.7	15	100.0
1	100.0			1	100.0
4	100.0			4	100.0
5	100.0			5	100.0
27	100.0			27	100.0
26	100.0			26	100.0
12	100.0			12	100.0
126	99.2	5	4.0	126	100.0
257	100.0	6	2.3	256	99.6
94	100.0	2	2.1	92	97.9
1	100.0			1	100.0
57	100.0	1	1.8	57	100.0
480	99.6	11	2.3	476	99.2
109	99.1	5	4.6	108	99.1
83	98.8	4	4.8	83	100.0
215	100.0	4	1.9	213	99.1
124	100.0	1	0.8	124	100.0
168	99.4	3	1.8	168	100.0

6-5 续表 1

行业	企业数(个)	使用局域网的企业	
		数量(个)	比重(%)
汽车制造业	51	47	92.2
铁路、船舶、航空航天和其他运输设备制造业	29	24	82.8
电气机械和器材制造业	84	70	83.3
计算机、通信和其他电子设备制造业	42	37	88.1
仪器仪表制造业	23	22	95.7
其他制造业	2	1	50.0
废弃资源综合利用业	9	8	88.9
金属制品、机械和设备修理业	17	14	82.4
电力、热力、燃气及水生产和供应业	**373**	**316**	**84.7**
电力、热力生产和供应业	295	247	83.7
燃气生产和供应业	60	52	86.7
水的生产和供应业	18	17	94.4
建筑业	**3020**	**1838**	**60.9**
房屋建筑业	1049	615	58.6
土木工程建筑业	796	489	61.4
建筑安装业	536	340	63.4
建筑装饰、装修和其他建筑业	639	394	61.7
批发和零售业	**3048**	**2064**	**67.7**
批发业	1097	674	61.4
零售业	1951	1390	71.2
交通运输、仓储和邮政业	**494**	**313**	**63.4**
铁路运输业	15	12	80.0
道路运输业	360	216	60.0
水上运输业			
航空运输业	11	11	100.0
管道运输业			
多式联运和运输代理业	13	10	76.9
装卸搬运和仓储业	72	45	62.5
邮政业	23	19	82.6
住宿和餐饮业	**778**	**582**	**74.8**
住宿业	346	275	79.5
餐饮业	432	307	71.1

使用互联网的企业		窄带接入		宽带接入	
数量(个)	比重(%)	数量(个)	占接入互联网企业比重(%)	数量(个)	占接入互联网企业比重(%)
51	100.0			51	100.0
27	93.1			27	100.0
84	100.0	7	8.3	80	95.2
42	100.0	1	2.4	42	100.0
23	100.0	1	4.3	22	95.7
2	100.0			2	100.0
9	100.0			9	100.0
17	100.0			17	100.0
373	**100.0**	**9**	**2.4**	**372**	**99.7**
295	100.0	7	2.4	294	99.7
60	100.0	2	3.3	60	100.0
18	100.0			18	100.0
3004	**99.5**	**82**	**2.7**	**2987**	**99.4**
1042	99.3	23	2.2	1036	99.4
795	99.9	23	2.9	791	99.5
531	99.1	16	3.0	529	99.6
636	99.5	20	3.1	631	99.2
3045	**99.9**	**142**	**4.7**	**3016**	**99.0**
1095	99.8	53	4.8	1082	98.8
1950	99.9	89	4.6	1934	99.2
493	**99.8**	**25**	**5.1**	**485**	**98.4**
14	93.3			14	100.0
360	100.0	18	5.0	352	97.8
11	100.0	1	9.1	11	100.0
13	100.0	1	7.7	13	100.0
72	100.0	3	4.2	72	100.0
23	100.0	2	8.7	23	100.0
777	**99.9**	**36**	**4.6**	**767**	**98.7**
345	99.7	11	3.2	344	99.7
432	100.0	25	5.8	423	97.9

6-5 续表 2

行业	企业数(个)	使用局域网的企业	
		数量(个)	比重(%)
信息传输、软件和信息技术服务业	**118**	**109**	**92.4**
电信、广播电视和卫星传输服务	70	66	94.3
互联网和相关服务	5	4	80.0
软件和信息技术服务业	43	39	90.7
房地产业	**2392**	**1342**	**56.1**
房地产业	2392	1342	56.1
租赁和商务服务业	**211**	**146**	**69.2**
租赁业	5	5	100.0
商务服务业	206	141	68.4
科学研究和技术服务业	**166**	**129**	**77.7**
研究和试验发展	7	6	85.7
专业技术服务业	149	116	77.9
科技推广和应用服务业	10	7	70.0
水利、环境和公共设施管理业	**64**	**39**	**60.9**
水利管理业	4	4	100.0
生态保护和环境治理业	6	2	33.3
公共设施管理业	54	33	61.1
土地管理业			
居民服务、修理和其他服务业	**48**	**28**	**58.3**
居民服务业	18	12	66.7
机动车、电子产品和日用产品修理业	16	11	68.8
其他服务业	14	5	35.7
教育	**57**	**47**	**82.5**
教育	57	47	82.5
卫生和社会工作	**96**	**86**	**89.6**
卫生	96	86	89.6
社会工作			
文化、体育和娱乐业	**91**	**79**	**86.8**
新闻和出版业	21	21	100.0
广播、电视、电影和录音制作业	29	25	86.2
文化艺术业	20	13	65.0
体育	5	4	80.0
娱乐业	16	16	100.0

使用互联网的企业		窄带接入		宽带接入	
数量(个)	比重(%)	数量(个)	占接入互联网企业比重(%)	数量(个)	占接入互联网企业比重(%)
118	**100.0**	**11**	**9.3**	**118**	**100.0**
70	100.0	11	15.7	70	100.0
5	100.0			5	100.0
43	100.0			43	100.0
2366	**98.9**	**87**	**3.7**	**2348**	**99.2**
2366	98.9	87	3.7	2348	99.2
208	**98.6**	**8**	**3.8**	**206**	**99.0**
5	100.0			5	100.0
203	98.5	8	3.9	201	99.0
166	**100.0**	**3**	**1.8**	**164**	**98.8**
7	100.0			7	100.0
149	100.0	3	2.0	147	98.7
10	100.0			10	**100.0**
64	**100.0**	**5**	**7.8**	**64**	**100.0**
4	100.0			4	100.0
6	100.0			6	**100.0**
54	100.0	5	9.3	54	100.0
48	**100.0**	**6**	**12.5**	**48**	**100.0**
18	100.0	1	5.6	18	100.0
16	100.0	4	25.0	16	100.0
14	100.0	1	7.1	14	**100.0**
57	**100.0**	**1**	**1.8**	**57**	**100.0**
57	100.0	1	1.8	57	100.0
96	**100.0**	**6**	**6.3**	**96**	**100.0**
96	100.0	6	6.3	96	100.0
91	**100.0**	**2**	**2.2**	**91**	**100.0**
21	100.0			21	100.0
29	100.0			29	100.0
20	100.0	1	5.0	20	**100.0**
5	100.0			5	100.0
16	100.0	1	6.3	16	100.0

6-6 分地区企业使用网络情况

地 区	企业数(个)	使用局域网的企业		使用互联网的企业					
						窄带接入		宽带接入	
		数量(个)	比重(%)	数量(个)	比重(%)	数量(个)	占接入互联网企业比重(%)	数量(个)	占接入互联网企业比重(%)
全 省	**14635**	**9841**	**67.2**	**14570**	**99.6**	**543**	**3.7**	**14456**	**99.2**
太原市	3960	2757	69.6	3932	99.3	125	3.2	3896	99.1
大同市	984	642	65.2	982	99.8	34	3.5	975	99.3
阳泉市	592	424	71.6	591	99.8	27	4.6	590	99.8
长治市	1361	811	59.6	1360	99.9	46	3.4	1352	99.4
晋城市	915	702	76.7	912	99.7	43	4.7	902	98.9
朔州市	733	487	66.4	728	99.3	28	3.8	720	98.9
晋中市	1472	980	66.6	1464	99.5	53	3.6	1453	99.2
运城市	1575	1073	68.1	1569	99.6	59	3.8	1559	99.4
忻州市	959	560	58.4	954	99.5	25	2.6	947	99.3
临汾市	1109	739	66.6	1106	99.7	46	4.2	1098	99.3
吕梁市	975	666	68.3	972	99.7	57	5.9	964	99.2

6-7 分行业企业建网站情况

行业	企业数(个)	建立网站的企业		网站数量(个)	每百家拥有网站数(个)
		数量(个)	比重(%)		
总 计	**14635**	**5161**	**35.3**	**5637**	**39**
采矿业	**1302**	**356**	**27.3**	**398**	**31**
煤炭开采和洗选业	1123	307	27.3	342	30
石油和天然气开采业	18	9	50.0	10	56
黑色金属矿采选业	125	31	24.8	36	29
有色金属矿采选业	21	7	33.3	7	33
非金属矿采选业	15	2	13.3	3	20
开采专业及辅助性活动					
其他采矿业					
制造业	**2377**	**1385**	**58.3**	**1523**	**64**
农副食品加工业	154	85	55.2	91	59
食品制造业	76	49	64.5	56	74
酒、饮料和精制茶制造业	57	42	73.7	48	84
烟草制品业	1	1	100.0	1	100
纺织业	22	8	36.4	8	36
纺织服装、服饰业	15	6	40.0	7	47
皮革、毛皮、羽毛及其制品和制鞋业	1				
木材加工和木、竹、藤、棕、草制品业	4	3	75.0	3	75
家具制造业	5	5	100.0	5	100
造纸和纸制品业	27	9	33.3	10	37
印刷和记录媒介复制业	26	19	73.1	19	73
文教、工美、体育和娱乐用品制造业	12	10	83.3	12	100
石油、煤炭及其他燃料加工业	127	74	58.3	77	61
化学原料和化学制品制造业	257	163	63.4	185	72
医药制造业	94	79	84.0	83	88
化学纤维制造业	1	1	100.0	1	100
橡胶和塑料制品业	57	33	57.9	35	61
非金属矿物制品业	482	200	41.5	224	46
黑色金属冶炼和压延加工业	110	61	55.5	74	67
有色金属冶炼和压延加工业	84	56	66.7	60	71
金属制品业	215	141	65.6	155	72
通用设备制造业	124	83	66.9	88	71
专用设备制造业	169	89	52.7	100	59

6-7 续表 1

行　业	企业数(个)	建立网站的企业		网站数量(个)	每百家拥有网站数(个)
		数量(个)	比重(%)		
汽车制造业	51	37	72.5	44	86
铁路、船舶、航空航天和其他运输设备制造业	29	17	58.6	17	59
电气机械和器材制造业	84	58	69.0	60	71
计算机、通信和其他电子设备制造业	42	29	69.0	32	76
仪器仪表制造业	23	19	82.6	20	87
其他制造业	2	1	50.0	1	50
废弃资源综合利用业	9	3	33.3	3	33
金属制品、机械和设备修理业	17	4	23.5	4	24
电力、热力、燃气及水生产和供应业	**373**	**160**	**42.9**	**178**	**48**
电力、热力生产和供应业	295	121	41.0	136	46
燃气生产和供应业	60	28	46.7	31	52
水的生产和供应业	18	11	61.1	11	61
建筑业	**3020**	**908**	**30.1**	**951**	**31**
房屋建筑业	1049	277	26.4	288	27
土木工程建筑业	796	252	31.7	264	33
建筑安装业	536	173	32.3	187	35
建筑装饰、装修和其他建筑业	639	206	32.2	212	33
批发和零售业	**3048**	**925**	**30.3**	**1030**	**34**
批发业	1097	278	25.3	311	28
零售业	1951	647	33.2	719	37
交通运输、仓储和邮政业	**494**	**120**	**24.3**	**138**	**28**
铁路运输业	15	5	33.3	6	40
道路运输业	360	81	22.5	94	26
水上运输业					
航空运输业	11	5	45.5	5	45
管道运输业					
多式联运和运输代理业	13	6	46.2	6	46
装卸搬运和仓储业	72	12	16.7	12	17
邮政业	23	11	47.8	15	65
住宿和餐饮业	**778**	**281**	**36.1**	**305**	**39**
住宿业	346	142	41.0	153	44
餐饮业	432	139	32.2	152	35

6-7　续表 2

行　　业	企业数（个）	建立网站的企业		网站数量（个）	每百家拥有网站数（个）
		数量（个）	比重（%）		
信息传输、软件和信息技术服务业	**118**	**81**	**68.6**	**94**	**80**
电信、广播电视和卫星传输服务	70	39	55.7	46	66
互联网和相关服务	5	3	60.0	3	60
软件和信息技术服务业	43	39	90.7	45	105
房地产业	**2392**	**538**	**22.5**	**572**	**24**
房地产业	2392	538	22.5	572	24
租赁和商务服务业	**211**	**101**	**47.9**	**111**	**53**
租赁业	5	1	20.0	1	20
商务服务业	206	100	48.5	110	53
科学研究和技术服务业	**166**	**100**	**60.2**	**104**	**63**
研究和试验发展	7	5	71.4	7	100
专业技术服务业	149	90	60.4	92	62
科技推广和应用服务业	10	5	50.0	5	50
水利、环境和公共设施管理业	**64**	**33**	**51.6**	**41**	**64**
水利管理业	4	2	50.0	2	50
生态保护和环境治理业	6	1	16.7	1	17
公共设施管理业	54	30	55.6	38	70
土地管理业					
居民服务、修理和其他服务业	**48**	**19**	**39.6**	**22**	**46**
居民服务业	18	7	38.9	7	39
机动车、电子产品和日用产品修理业	16	7	43.8	9	56
其他服务业	14	5	35.7	6	43
教育	**57**	**29**	**50.9**	**32**	**56**
教育	57	29	50.9	32	56
卫生和社会工作	**96**	**65**	**67.7**	**69**	**72**
卫生	96	65	67.7	69	72
社会工作					
文化、体育和娱乐业	**91**	**60**	**65.9**	**69**	**76**
新闻和出版业	21	21	100.0	25	119
广播、电视、电影和录音制作业	29	15	51.7	15	52
文化艺术业	20	12	60.0	16	80
体育	5	1	20.0	1	20
娱乐业	16	11	68.8	12	75

6-8 分行业企业通过

行业	企业数(个)	使用互联网开展活动的企业		收发电子邮件	
		数量(个)	比重(%)	数量(个)	占使用互联网企业的比重(%)
总　计	**14635**	**14570**	**99.6**	**12554**	**86.2**
采矿业	**1302**	**1296**	**99.5**	**1140**	**88.0**
煤炭开采和洗选业	1123	1118	99.6	994	88.9
石油和天然气开采业	18	17	94.4	17	100.0
黑色金属矿采选业	125	125	100.0	101	80.8
有色金属矿采选业	21	21	100.0	18	85.7
非金属矿采选业	15	15	100.0	10	66.7
开采专业及辅助性活动					
其他采矿业					
制造业	**2377**	**2368**	**99.6**	**2184**	**92.2**
农副食品加工业	154	153	99.4	136	88.9
食品制造业	76	76	100.0	68	89.5
酒、饮料和精制茶制造业	57	57	100.0	54	94.7
烟草制品业	1	1	100.0	1	100.0
纺织业	22	22	100.0	18	81.8
纺织服装、服饰业	15	15	100.0	14	93.3
皮革、毛皮、羽毛及其制品和制鞋业	1	1	100.0	1	100.0
木材加工和木、竹、藤、棕、草制品业	4	4	100.0	4	100.0
家具制造业	5	5	100.0	4	80.0
造纸和纸制品业	27	27	100.0	25	92.6
印刷和记录媒介复制业	26	26	100.0	24	92.3
文教、工美、体育和娱乐用品制造业	12	12	100.0	12	100.0
石油、煤炭及其他燃料加工业	127	126	99.2	120	95.2
化学原料和化学制品制造业	257	257	100.0	235	91.4
医药制造业	94	94	100.0	90	95.7
化学纤维制造业	1	1	100.0	1	100.0
橡胶和塑料制品业	57	57	100.0	54	94.7
非金属矿物制品业	482	480	99.6	427	89.0
黑色金属冶炼和压延加工业	110	109	99.1	98	89.9
有色金属冶炼和压延加工业	84	83	98.8	81	97.6
金属制品业	215	215	100.0	203	94.4
通用设备制造业	124	124	100.0	113	91.1
专用设备制造业	169	168	99.4	154	91.7

互联网开展活动情况

了解商品和服务的信息		从政府机构获取信息		与政府机构互动		使用网上银行	
数量（个）	占使用互联网企业的比重（%）	数量（个）	占使用互联网企业的比重（%）	数量（个）	占使用互联网企业的比重（%）	数量（个）	占使用互联网企业的比重（%）
6280	**43.1**	**5938**	**40.8**	**2320**	**15.9**	**10818**	**74.2**
496	**38.3**	**558**	**43.1**	**247**	**19.1**	**993**	**76.6**
421	37.7	490	43.8	222	19.9	865	77.4
6	35.3	7	41.2	3	17.6	14	82.4
56	44.8	49	39.2	17	13.6	91	72.8
8	38.1	7	33.3	4	19.0	15	71.4
5	33.3	5	33.3	1	6.7	8	53.3
1344	**56.8**	**1165**	**49.2**	**554**	**23.4**	**2004**	**84.6**
86	56.2	68	44.4	35	22.9	122	79.7
46	60.5	36	47.4	18	23.7	63	82.9
34	59.6	33	57.9	20	35.1	50	87.7
						1	100.0
8	36.4	10	45.5	4	18.2	19	86.4
8	53.3	11	73.3	5	33.3	10	66.7
						1	100.0
		4	100.0	1	25.0	4	100.0
1	20.0	1	20.0			3	60.0
11	40.7	9	33.3	4	14.8	21	77.8
13	50.0	16	61.5	4	15.4	24	92.3
7	58.3	5	41.7	2	16.7	11	91.7
69	54.8	63	50.0	23	18.3	97	77.0
165	64.2	124	48.2	67	26.1	225	87.5
63	67.0	57	60.6	27	28.7	88	93.6
						1	100.0
34	59.6	31	54.4	8	14.0	46	80.7
234	48.8	225	46.9	97	20.2	388	80.8
68	62.4	53	48.6	29	26.6	87	79.8
52	62.7	46	55.4	13	15.7	74	89.2
117	54.4	83	38.6	47	21.9	191	88.8
72	58.1	52	41.9	29	23.4	108	87.1
107	63.7	90	53.6	44	26.2	147	87.5

6-8 续表 1

行业	企业数（个）	使用互联网开展活动的企业		收发电子邮件	
		数量（个）	比重（%）	数量（个）	占使用互联网企业的比重（%）
汽车制造业	51	51	100.0	49	96.1
铁路、船舶、航空航天和其他运输设备制造业	29	27	93.1	24	88.9
电气机械和器材制造业	84	84	100.0	82	97.6
计算机、通信和其他电子设备制造业	42	42	100.0	42	100.0
仪器仪表制造业	23	23	100.0	22	95.7
其他制造业	2	2	100.0	2	100.0
废弃资源综合利用业	9	9	100.0	9	100.0
金属制品、机械和设备修理业	17	17	100.0	17	100.0
电力、热力、燃气及水生产和供应业	**373**	**373**	**100.0**	**353**	**94.6**
电力、热力生产和供应业	295	295	100.0	278	94.2
燃气生产和供应业	60	60	100.0	57	95.0
水的生产和供应业	18	18	100.0	18	100.0
建筑业	**3020**	**3004**	**99.5**	**2701**	**89.9**
房屋建筑业	1049	1042	99.3	934	89.6
土木工程建筑业	796	795	99.9	734	92.3
建筑安装业	536	531	99.1	479	90.2
建筑装饰、装修和其他建筑业	639	636	99.5	554	87.1
批发和零售业	**3048**	**3045**	**99.9**	**2500**	**82.1**
批发业	1097	1095	99.8	954	87.1
零售业	1951	1950	99.9	1546	79.3
交通运输、仓储和邮政业	**494**	**493**	**99.8**	**392**	**79.5**
铁路运输业	15	14	93.3	13	92.9
道路运输业	360	360	100.0	274	76.1
水上运输业					
航空运输业	11	11	100.0	10	90.9
管道运输业					
多式联运和运输代理业	13	13	100.0	13	100.0
装卸搬运和仓储业	72	72	100.0	64	88.9
邮政业	23	23	100.0	18	78.3
住宿和餐饮业	**778**	**777**	**99.9**	**522**	**67.2**
住宿业	346	345	99.7	243	70.4
餐饮业	432	432	100.0	279	64.6

了解商品和服务的信息		从政府机构获取信息		与政府机构互动		使用网上银行	
数量（个）	占使用互联网企业的比重（%）	数量（个）	占使用互联网企业的比重（%）	数量（个）	占使用互联网企业的比重（%）	数量（个）	占使用互联网企业的比重（%）
34	66.7	28	54.9	17	33.3	46	90.2
14	51.9	16	59.3	5	18.5	21	77.8
48	57.1	46	54.8	23	27.4	75	89.3
25	59.5	30	71.4	17	40.5	38	90.5
16	69.6	17	73.9	9	39.1	20	87.0
1	50.0	2	100.0			2	100.0
5	55.6	2	22.2	1	11.1	9	100.0
6	35.3	7	41.2	5	29.4	12	70.6
135	**36.2**	**200**	**53.6**	**94**	**25.2**	**239**	**64.1**
100	33.9	164	55.6	72	24.4	179	60.7
27	45.0	27	45.0	19	31.7	49	81.7
8	44.4	9	50.0	3	16.7	11	61.1
1143	**38.0**	**1405**	**46.8**	**442**	**14.7**	**2245**	**74.7**
343	32.9	509	48.8	156	15.0	788	75.6
318	40.0	391	49.2	126	15.8	610	76.7
224	42.2	240	45.2	76	14.3	396	74.6
258	40.6	265	41.7	84	13.2	451	70.9
1609	**52.8**	**934**	**30.7**	**373**	**12.2**	**2291**	**75.2**
545	49.8	352	32.1	135	12.3	868	79.3
1064	54.6	582	29.8	238	12.2	1423	73.0
169	**34.3**	**152**	**30.8**	**75**	**15.2**	**371**	**75.3**
4	28.6	5	35.7	2	14.3	9	64.3
111	30.8	93	25.8	50	13.9	268	74.4
3	27.3	5	45.5	2	18.2	10	90.9
8	61.5	4	30.8	1	7.7	9	69.2
30	41.7	35	48.6	12	16.7	56	77.8
13	56.5	10	43.5	8	34.8	19	82.6
273	**35.1**	**184**	**23.7**	**66**	**8.5**	**496**	**63.8**
134	38.8	84	24.3	32	9.3	233	67.5
139	32.2	100	23.1	34	7.9	263	60.9

6-8 续表 2

行业	企业数(个)	使用互联网开展活动的企业			
				收发电子邮件	
		数量(个)	比重(%)	数量(个)	占使用互联网企业的比重(%)
信息传输、软件和信息技术服务业	**118**	**118**	**100.0**	**108**	**91.5**
电信、广播电视和卫星传输服务	70	70	100.0	64	91.4
互联网和相关服务	5	5	100.0	5	100.0
软件和信息技术服务业	43	43	100.0	39	90.7
房地产业	**2392**	**2366**	**98.9**	**2003**	**84.7**
房地产业	2392	2366	98.9	2003	84.7
租赁和商务服务业	**211**	**208**	**98.6**	**186**	**89.4**
租赁业	5	5	100.0	4	80.0
商务服务业	206	203	98.5	182	89.7
科学研究和技术服务业	**166**	**166**	**100.0**	**157**	**94.6**
研究和试验发展	7	7	100.0	7	100.0
专业技术服务业	149	149	100.0	142	95.3
科技推广和应用服务业	10	10	100.0	8	80.0
水利、环境和公共设施管理业	**64**	**64**	**100.0**	**59**	**92.2**
水利管理业	4	4	100.0	4	100.0
生态保护和环境治理业	6	6	100.0	5	83.3
公共设施管理业	54	54	100.0	50	92.6
土地管理业					
居民服务、修理和其他服务业	**48**	**48**	**100.0**	**41**	**85.4**
居民服务业	18	18	100.0	15	83.3
机动车、电子产品和日用产品修理业	16	16	100.0	15	93.8
其他服务业	14	14	100.0	11	78.6
教育	**57**	**57**	**100.0**	**48**	**84.2**
教育	57	57	100.0	48	84.2
卫生和社会工作	**96**	**96**	**100.0**	**82**	**85.4**
卫生	96	96	100.0	82	85.4
社会工作					
文化、体育和娱乐业	**91**	**91**	**100.0**	**78**	**85.7**
新闻和出版业	21	21	100.0	20	95.2
广播、电视、电影和录音制作业	29	29	100.0	24	82.8
文化艺术业	20	20	100.0	17	85.0
体育	5	5	100.0	3	60.0
娱乐业	16	16	100.0	14	87.5

了解商品和服务的信息		从政府机构获取信息		与政府机构互动		使用网上银行	
数量（个）	占使用互联网企业的比重（%）	数量（个）	占使用互联网企业的比重（%）	数量（个）	占使用互联网企业的比重（%）	数量（个）	占使用互联网企业的比重（%）
75	**63.6**	**70**	**59.3**	**28**	**23.7**	**88**	**74.6**
42	60.0	38	54.3	18	25.7	46	65.7
5	100.0	5	100.0	4	80.0	5	100.0
28	65.1	27	62.8	6	14.0	37	86.0
727	**30.7**	**929**	**39.3**	**313**	**13.2**	**1538**	**65.0**
727	30.7	929	39.3	313	13.2	1538	65.0
85	**40.9**	**97**	**46.6**	**36**	**17.3**	**163**	**78.4**
3	60.0	4	80.0	2	40.0	2	40.0
82	40.4	93	45.8	34	16.7	161	79.3
76	**45.8**	**97**	**58.4**	**29**	**17.5**	**126**	**75.9**
5	71.4	6	85.7	1	14.3	6	85.7
66	44.3	87	58.4	26	17.4	116	77.9
5	50.0	4	40.0	2	20.0	4	40.0
30	**46.9**	**37**	**57.8**	**13**	**20.3**	**53**	**82.8**
1	25.0	3	75.0			3	75.0
3	50.0	1	16.7			4	66.7
26	48.1	33	61.1	13	24.1	46	85.2
21	**43.8**	**14**	**29.2**	**8**	**16.7**	**35**	**72.9**
8	44.4	6	33.3	5	27.8	12	66.7
8	50.0	4	25.0			15	93.8
5	35.7	4	28.6	3	21.4	8	57.1
13	**22.8**	**18**	**31.6**	**6**	**10.5**	**28**	**49.1**
13	22.8	18	31.6	6	10.5	28	49.1
38	**39.6**	**42**	**43.8**	**24**	**25.0**	**74**	**77.1**
38	39.6	42	43.8	24	25.0	74	77.1
46	**50.5**	**36**	**39.6**	**12**	**13.2**	**74**	**81.3**
10	47.6	10	47.6	1	4.8	19	90.5
17	58.6	10	34.5	5	17.2	23	79.3
7	35.0	8	40.0	3	15.0	15	75.0
2	40.0	2	40.0			3	60.0
10	62.5	6	37.5	3	18.8	14	87.5

6-8 续表 3

行业	使用其他金融服务		提供客户服务		拨打互联网电话或召开视频会议	
	数量(个)	占使用互联网企业的比重(%)	数量(个)	占使用互联网企业的比重(%)	数量(个)	占使用互联网企业的比重(%)
总　计	**690**	**4.7**	**3573**	**24.5**	**1864**	**12.8**
采矿业	**48**	**3.7**	**192**	**14.8**	**262**	**20.2**
煤炭开采和洗选业	44	3.9	167	14.9	247	22.1
石油和天然气开采业			2	11.8	9	52.9
黑色金属矿采选业	3	2.4	14	11.2	4	3.2
有色金属矿采选业			5	23.8	2	9.5
非金属矿采选业	1	6.7	4	26.7		
开采专业及辅助性活动						
其他采矿业						
制造业	**173**	**7.3**	**795**	**33.6**	**376**	**15.9**
农副食品加工业	4	2.6	50	32.7	27	17.6
食品制造业	6	7.9	37	48.7	13	17.1
酒、饮料和精制茶制造业	2	3.5	23	40.4	18	31.6
烟草制品业					1	100.0
纺织业	1	4.5	5	22.7	1	4.5
纺织服装、服饰业	2	13.3	6	40.0	5	33.3
皮革、毛皮、羽毛及其制品和制鞋业						
木材加工和木、竹、藤、棕、草制品业						
家具制造业			1	20.0		
造纸和纸制品业	4	14.8	4	14.8	1	3.7
印刷和记录媒介复制业	1	3.8	8	30.8	2	7.7
文教、工美、体育和娱乐用品制造业	1	8.3	6	50.0	1	8.3
石油、煤炭及其他燃料加工业	13	10.3	28	22.2	24	19.0
化学原料和化学制品制造业	23	8.9	98	38.1	45	17.5
医药制造业	10	10.6	34	36.2	28	29.8
化学纤维制造业			1	100.0		
橡胶和塑料制品业	3	5.3	19	33.3	5	8.8
非金属矿物制品业	33	6.9	133	27.7	48	10.0
黑色金属冶炼和压延加工业	7	6.4	33	30.3	13	11.9
有色金属冶炼和压延加工业	7	8.4	24	28.9	16	19.3
金属制品业	14	6.5	80	37.2	19	8.8
通用设备制造业	5	4.0	43	34.7	18	14.5
专用设备制造业	12	7.1	62	36.9	30	17.9

在线提供产品		发布消息或即时消息		员工培训		对外或对内招聘	
数量（个）	占使用互联网企业的比重(%)	数量（个）	占使用互联网企业的比重(%)	数量（个）	占使用互联网企业的比重(%)	数量（个）	占使用互联网企业的比重(%)
1144	**7.9**	**3515**	**24.1**	**4009**	**27.5**	**3955**	**27.1**
48	**3.7**	**250**	**19.3**	**338**	**26.1**	**180**	**13.9**
43	3.8	226	20.2	311	27.8	156	14.0
		7	41.2	7	41.2	8	47.1
2	1.6	11	8.8	13	10.4	9	7.2
1	4.8	3	14.3	7	33.3	3	14.3
2	13.3	3	20.0			4	26.7
329	**13.9**	**684**	**28.9**	**655**	**27.7**	**798**	**33.7**
33	21.6	39	25.5	50	32.7	51	33.3
24	31.6	32	42.1	22	28.9	34	44.7
12	21.1	24	42.1	25	43.9	25	43.9
		1	100.0	1	100.0		
3	13.6	3	13.6			3	13.6
3	20.0	4	26.7	3	20.0	5	33.3
1	25.0					1	25.0
1	20.0	1	20.0	2	40.0		
2	7.4	4	14.8	3	11.1	4	14.8
4	15.4	6	23.1	10	38.5	12	46.2
3	25.0	3	25.0	3	25.0	3	25.0
9	7.1	36	28.6	42	33.3	39	31.0
37	14.4	75	29.2	75	29.2	80	31.1
8	8.5	41	43.6	39	41.5	56	59.6
1	100.0	1	100.0	1	100.0	1	100.0
10	17.5	16	28.1	10	17.5	15	26.3
40	8.3	98	20.4	104	21.7	109	22.7
14	12.8	28	25.7	29	26.6	34	31.2
7	8.4	29	34.9	18	21.7	24	28.9
30	14.0	49	22.8	49	22.8	52	24.2
17	13.7	40	32.3	32	25.8	52	41.9
24	14.3	62	36.9	54	32.1	74	44.0

6-8 续表 4

行业	使用其他金融服务		提供客户服务		拨打互联网电话或召开视频会议	
	数量(个)	占使用互联网企业的比重(%)	数量(个)	占使用互联网企业的比重(%)	数量(个)	占使用互联网企业的比重(%)
汽车制造业	5	9.8	21	41.2	18	35.3
铁路、船舶、航空航天和其他运输设备制造业	3	11.1	4	14.8	3	11.1
电气机械和器材制造业	8	9.5	31	36.9	14	16.7
计算机、通信和其他电子设备制造业	4	9.5	24	57.1	13	31.0
仪器仪表制造业	5	21.7	11	47.8	7	30.4
其他制造业			1	50.0		
废弃资源综合利用业			5	55.6	3	33.3
金属制品、机械和设备修理业			3	17.6	3	17.6
电力、热力、燃气及水生产和供应业	**21**	**5.6**	**93**	**24.9**	**136**	**36.5**
电力、热力生产和供应业	18	6.1	65	22.0	111	37.6
燃气生产和供应业	2	3.3	22	36.7	23	38.3
水的生产和供应业	1	5.6	6	33.3	2	11.1
建筑业	**125**	**4.2**	**508**	**16.9**	**243**	**8.1**
房屋建筑业	36	3.5	155	14.9	69	6.6
土木工程建筑业	38	4.8	125	15.7	93	11.7
建筑安装业	25	4.7	108	20.3	41	7.7
建筑装饰、装修和其他建筑业	26	4.1	120	18.9	40	6.3
批发和零售业	**141**	**4.6**	**994**	**32.6**	**387**	**12.7**
批发业	51	4.7	288	26.3	134	12.2
零售业	90	4.6	706	36.2	253	13.0
交通运输、仓储和邮政业	**29**	**5.9**	**103**	**20.9**	**71**	**14.4**
铁路运输业			2	14.3	4	28.6
道路运输业	20	5.6	63	17.5	37	10.3
水上运输业						
航空运输业	1	9.1	6	54.5	6	54.5
管道运输业						
多式联运和运输代理业	1	7.7	3	23.1	3	23.1
装卸搬运和仓储业	2	2.8	14	19.4	6	8.3
邮政业	5	21.7	15	65.2	15	65.2
住宿和餐饮业	**14**	**1.8**	**213**	**27.4**	**36**	**4.6**
住宿业	8	2.3	116	33.6	19	5.5
餐饮业	6	1.4	97	22.5	17	3.9

在线提供产品		发布消息或即时消息		员工培训		对外或对内招聘	
数量（个）	占使用互联网企业的比重（%）	数量（个）	占使用互联网企业的比重（%）	数量（个）	占使用互联网企业的比重（%）	数量（个）	占使用互联网企业的比重（%）
11	21.6	19	37.3	16	31.4	27	52.9
		7	25.9	5	18.5	9	33.3
18	21.4	29	34.5	26	31.0	40	47.6
9	21.4	16	38.1	16	38.1	24	57.1
7	30.4	14	60.9	12	52.2	15	65.2
				1	50.0		
1	11.1	3	33.3	1	11.1	5	55.6
		4	23.5	6	35.3	4	23.5
23	**6.2**	**139**	**37.3**	**168**	**45.0**	**93**	**24.9**
20	6.8	101	34.2	129	43.7	75	25.4
2	3.3	29	48.3	33	55.0	15	25.0
1	5.6	9	50.0	6	33.3	3	16.7
94	**3.1**	**631**	**21.0**	**840**	**28.0**	**852**	**28.4**
19	1.8	196	18.8	326	31.3	255	24.5
25	3.1	187	23.5	244	30.7	228	28.7
24	4.5	122	23.0	124	23.4	178	33.5
26	4.1	126	19.8	146	23.0	191	30.0
338	**11.1**	**770**	**25.3**	**910**	**29.9**	**859**	**28.2**
78	7.1	232	21.2	236	21.6	244	22.3
260	13.3	538	27.6	674	34.6	615	31.5
26	**5.3**	**130**	**26.4**	**112**	**22.7**	**77**	**15.6**
		3	21.4	1	7.1		
13	3.6	92	25.6	69	19.2	49	13.6
2	18.2	6	54.5	5	45.5	6	54.5
1	7.7	1	7.7	2	15.4	1	7.7
2	2.8	12	16.7	16	22.2	7	9.7
8	34.8	16	69.6	19	82.6	14	60.9
87	**11.2**	**135**	**17.4**	**169**	**21.8**	**209**	**26.9**
47	13.6	68	19.7	88	25.5	95	27.5
40	9.3	67	15.5	81	18.8	114	26.4

6-8 续表 5

行业	使用其他金融服务		提供客户服务		拨打互联网电话或召开视频会议	
	数量(个)	占使用互联网企业的比重(%)	数量(个)	占使用互联网企业的比重(%)	数量(个)	占使用互联网企业的比重(%)
信息传输、软件和信息技术服务业	**11**	**9.3**	**75**	**63.6**	**66**	**55.9**
电信、广播电视和卫星传输服务	8	11.4	40	57.1	38	54.3
互联网和相关服务	1	20.0	4	80.0	3	60.0
软件和信息技术服务业	2	4.7	31	72.1	25	58.1
房地产业	**84**	**3.6**	**360**	**15.2**	**185**	**7.8**
房地产业	84	3.6	360	15.2	185	7.8
租赁和商务服务业	**21**	**10.1**	**63**	**30.3**	**31**	**14.9**
租赁业			1	20.0		
商务服务业	21	10.3	62	30.5	31	15.3
科学研究和技术服务业	**6**	**3.6**	**48**	**28.9**	**23**	**13.9**
研究和试验发展			6	85.7	4	57.1
专业技术服务业	5	3.4	40	26.8	18	12.1
科技推广和应用服务业	1	10.0	2	20.0	1	10.0
水利、环境和公共设施管理业	**6**	**9.4**	**23**	**35.9**	**8**	**12.5**
水利管理业			1	25.0	2	50.0
生态保护和环境治理业	1	16.7	2	33.3	1	16.7
公共设施管理业	5	9.3	20	37.0	5	9.3
土地管理业						
居民服务、修理和其他服务业	**4**	**8.3**	**20**	**41.7**	**2**	**4.2**
居民服务业	1	5.6	9	50.0	1	5.6
机动车、电子产品和日用产品修理业	2	12.5	7	43.8	1	6.3
其他服务业	1	7.1	4	28.6		
教育			**12**	**21.1**		
教育			12	21.1		
卫生和社会工作	**4**	**4.2**	**36**	**37.5**	**19**	**19.8**
卫生	4	4.2	36	37.5	19	19.8
社会工作						
文化、体育和娱乐业	**3**	**3.3**	**38**	**41.8**	**19**	**20.9**
新闻和出版业			10	47.6		
广播、电视、电影和录音制作业	3	10.3	12	41.4	13	44.8
文化艺术业			9	45.0	2	10.0
体育			2	40.0		
娱乐业			5	31.3	4	25.0

在线提供产品		发布消息或即时消息		员工培训		对外或对内招聘	
数量（个）	占使用互联网企业的比重（%）	数量（个）	占使用互联网企业的比重（%）	数量（个）	占使用互联网企业的比重（%）	数量（个）	占使用互联网企业的比重（%）
42	**35.6**	**58**	**49.2**	**67**	**56.8**	**59**	**50.0**
25	35.7	36	51.4	40	57.1	26	37.1
2	40.0	5	100.0	4	80.0	5	100.0
15	34.9	17	39.5	23	53.5	28	65.1
65	**2.7**	**450**	**19.0**	**489**	**20.7**	**543**	**23.0**
65	2.7	450	19.0	489	20.7	543	23.0
26	**12.5**	**70**	**33.7**	**62**	**29.8**	**70**	**33.7**
		2	40.0	2	40.0		
26	12.8	68	33.5	60	29.6	70	34.5
12	**7.2**	**67**	**40.4**	**65**	**39.2**	**68**	**41.0**
2	28.6	6	85.7	4	57.1	4	57.1
9	6.0	58	38.9	58	38.9	61	40.9
1	10.0	3	30.0	3	30.0	3	30.0
12	**18.8**	**29**	**45.3**	**27**	**42.2**	**26**	**40.6**
		1	25.0	1	25.0		
		1	16.7	2	33.3	5	83.3
12	22.2	27	50.0	24	44.4	21	38.9
7	**14.6**	**13**	**27.1**	**23**	**47.9**	**21**	**43.8**
2	11.1	3	16.7	8	44.4	11	61.1
3	18.8	4	25.0	9	56.3	5	31.3
2	14.3	6	42.9	6	42.9	5	35.7
		20	**35.1**	**26**	**45.6**	**14**	**24.6**
		20	35.1	26	45.6	14	24.6
10	**10.4**	**35**	**36.5**	**32**	**33.3**	**45**	**46.9**
10	10.4	35	36.5	32	33.3	45	46.9
25	**27.5**	**34**	**37.4**	**26**	**28.6**	**41**	**45.1**
3	14.3	7	33.3	7	33.3	5	23.8
10	34.5	12	41.4	7	24.1	20	69.0
7	35.0	9	45.0	6	30.0	5	25.0
		1	20.0	1	20.0	1	20.0
5	31.3	5	31.3	5	31.3	10	62.5

6-9 分地区企业通过

地 区	企业数(个)	使用互联网开展活动的企业		收发电子邮件		了解商品和服务的信息	
		数量(个)	比重(%)	数量(个)	占使用互联网企业的比重(%)	数量(个)	占使用互联网企业的比重(%)
全 省	**14635**	**14570**	**99.6**	**12554**	**86.2**	**6280**	**43.1**
太原市	3960	3932	99.3	3498	89.0	1699	43.2
大同市	984	982	99.8	812	82.7	401	40.8
阳泉市	592	591	99.8	501	84.8	253	42.8
长治市	1361	1360	99.9	1168	85.9	574	42.2
晋城市	915	912	99.7	795	87.2	420	46.1
朔州市	733	728	99.3	619	85.0	285	39.1
晋中市	1472	1464	99.5	1289	88.0	634	43.3
运城市	1575	1569	99.6	1333	85.0	715	45.6
忻州市	959	954	99.5	784	82.2	402	42.1
临汾市	1109	1106	99.7	944	85.4	496	44.8
吕梁市	975	972	99.7	811	83.4	401	41.3

6-9 续表

地 区	使用其他金融服务		提供客户服务		拨打互联网电话或召开视频会议	
	数量(个)	占使用互联网企业的比重(%)	数量(个)	占使用互联网企业的比重(%)	数量(个)	占使用互联网企业的比重(%)
全 省	**690**	**4.7**	**3573**	**24.5**	**1864**	**12.8**
太原市	221	5.6	997	25.4	575	14.6
大同市	46	4.7	213	21.7	126	12.8
阳泉市	30	5.1	142	24.0	88	14.9
长治市	54	4.0	320	23.5	163	12.0
晋城市	41	4.5	265	29.1	103	11.3
朔州市	22	3.0	146	20.1	97	13.3
晋中市	81	5.5	383	26.2	181	12.4
运城市	69	4.4	438	27.9	156	9.9
忻州市	33	3.5	188	19.7	110	11.5
临汾市	54	4.9	271	24.5	148	13.4
吕梁市	39	4.0	210	21.6	117	12.0

互联网开展活动情况

从政府机构获取信息		与政府机构互动		使用网上银行	
数量（个）	占使用互联网企业的比重(%)	数量（个）	占使用互联网企业的比重(%)	数量（个）	占使用互联网企业的比重(%)
5938	**40.8**	**2320**	**15.9**	**10818**	**74.2**
1773	45.1	609	15.5	2946	74.9
366	37.3	155	15.8	623	63.4
219	37.1	80	13.5	445	75.3
544	40.0	202	14.9	1019	74.9
393	43.1	142	15.6	756	82.9
256	35.2	125	17.2	509	69.9
639	43.6	287	19.6	1134	77.5
642	40.9	249	15.9	1178	75.1
339	35.5	123	12.9	676	70.9
428	38.7	196	17.7	828	74.9
339	34.9	152	15.6	704	72.4

在线提供产品		发布消息或即时消息		员工培训		对外或对内招聘	
数量（个）	占使用互联网企业的比重(%)	数量（个）	占使用互联网企业的比重(%)	数量（个）	占使用互联网企业的比重(%)	数量（个）	占使用互联网企业的比重(%)
1144	**7.9**	**3515**	**24.1**	**4009**	**27.5**	**3955**	**27.1**
311	7.9	1120	28.5	1098	27.9	1407	35.8
70	7.1	215	21.9	243	24.7	237	24.1
44	7.4	155	26.2	178	30.1	144	24.4
111	8.2	309	22.7	332	24.4	353	26.0
77	8.4	264	28.9	277	30.4	275	30.2
43	5.9	120	16.5	196	26.9	129	17.7
150	10.2	341	23.3	439	30.0	378	25.8
127	8.1	353	22.5	419	26.7	400	25.5
57	6.0	155	16.2	211	22.1	148	15.5
79	7.1	277	25.0	337	30.5	273	24.7
75	7.7	206	21.2	279	28.7	211	21.7

6-10 分行业企业互联网

行业	企业数(个)	使用互联网的企业		通过互联网进行宣传推广的企业		自有网站	
		数量(个)	比重(%)	数量(个)	占使用互联网企业的比重(%)	数量(个)	占使用互联网企业的比重(%)
总　计	**14635**	**14570**	**99.6**	**10900**	**74.8**	**2605**	**17.9**
采矿业	**1302**	**1296**	**99.5**	**862**	**66.5**	**153**	**11.8**
煤炭开采和洗选业	1123	1118	99.6	746	66.7	130	11.6
石油和天然气开采业	18	17	94.4	14	82.4	7	41.2
黑色金属矿采选业	125	125	100.0	84	67.2	12	9.6
有色金属矿采选业	21	21	100.0	10	47.6	3	14.3
非金属矿采选业	15	15	100.0	8	53.3	1	6.7
开采专业及辅助性活动							
其他采矿业							
制造业	**2377**	**2368**	**99.6**	**1971**	**83.2**	**898**	**37.9**
农副食品加工业	154	153	99.4	128	83.7	53	34.6
食品制造业	76	76	100.0	72	94.7	34	44.7
酒、饮料和精制茶制造业	57	57	100.0	53	93.0	27	47.4
烟草制品业	1	1	100.0	1	100.0	1	100.0
纺织业	22	22	100.0	17	77.3	6	27.3
纺织服装、服饰业	15	15	100.0	11	73.3	4	26.7
皮革、毛皮、羽毛及其制品和制鞋业	1	1	100.0				
木材加工和木、竹、藤、棕、草制品业	4	4	100.0	3	75.0	1	25.0
家具制造业	5	5	100.0	4	80.0	1	20.0
造纸和纸制品业	27	27	100.0	17	63.0	5	18.5
印刷和记录媒介复制业	26	26	100.0	24	92.3	12	46.2
文教、工美、体育和娱乐用品制造业	12	12	100.0	11	91.7	7	58.3
石油、煤炭及其他燃料加工业	127	126	99.2	119	94.4	41	32.5
化学原料和化学制品制造业	257	257	100.0	222	86.4	115	44.7
医药制造业	94	94	100.0	89	94.7	67	71.3
化学纤维制造业	1	1	100.0	1	100.0	1	100.0
橡胶和塑料制品业	57	57	100.0	51	89.5	16	28.1
非金属矿物制品业	482	480	99.6	346	72.1	111	23.1
黑色金属冶炼和压延加工业	110	109	99.1	91	83.5	41	37.6
有色金属冶炼和压延加工业	84	83	98.8	75	90.4	34	41.0
金属制品业	215	215	100.0	181	84.2	86	40.0
通用设备制造业	124	124	100.0	103	83.1	60	48.4
专用设备制造业	169	168	99.4	135	80.4	59	35.1

宣传和推广情况

互联网广告		搜索引擎		电子商务平台		电子邮件		社交网站或即时通讯社交工具	
数量（个）	占使用互联网企业的比重（%）	数量（个）	占使用互联网企业的比重（%）	数量（个）	占使用互联网企业的比重（%）	数量（个）	占使用互联网企业的比重（%）	数量（个）	占使用互联网企业的比重（%）
3410	**23.4**	**1183**	**8.1**	**997**	**6.8**	**3552**	**24.4**	**2557**	**17.5**
212	**16.4**	**89**	**6.9**	**55**	**4.2**	**349**	**26.9**	**184**	**14.2**
184	16.5	77	6.9	46	4.1	310	27.7	159	14.2
1	5.9	2	11.8			5	29.4	7	41.2
21	16.8	8	6.4	8	6.4	26	20.8	12	9.6
3	14.3	1	4.8			3	14.3	1	4.8
3	20.0	1	6.7	1	6.7	5	33.3	5	33.3
581	**24.5**	**284**	**12.0**	**225**	**9.5**	**734**	**31.0**	**426**	**18.0**
44	28.8	10	6.5	31	20.3	35	22.9	25	16.3
29	38.2	7	9.2	21	27.6	16	21.1	16	21.1
20	35.1	6	10.5	5	8.8	15	26.3	11	19.3
1	4.5	4	18.2	3	13.6	8	36.4	2	9.1
2	13.3	2	13.3			4	26.7	3	20.0
2	50.0	1	25.0			1	25.0		
2	40.0	1	20.0			1	20.0		
5	18.5	1	3.7	1	3.7	9	33.3	1	3.7
4	15.4	2	7.7	1	3.8	8	30.8	5	19.2
2	16.7	3	25.0	2	16.7	6	50.0	2	16.7
27	21.4	15	11.9	15	11.9	42	33.3	32	25.4
71	27.6	42	16.3	30	11.7	81	31.5	51	19.8
33	35.1	17	18.1	8	8.5	27	28.7	24	25.5
		1	100.0						
15	26.3	10	17.5	3	5.3	20	35.1	14	24.6
90	18.8	43	9.0	33	6.9	145	30.2	75	15.6
24	22.0	12	11.0	11	10.1	39	35.8	21	19.3
22	26.5	9	10.8	8	9.6	26	31.3	14	16.9
45	20.9	19	8.8	20	9.3	74	34.4	23	10.7
43	34.7	20	16.1	6	4.8	37	29.8	20	16.1
40	23.8	28	16.7	8	4.8	51	30.4	34	20.2

6-10 续表 1

行业	企业数(个)	使用互联网的企业		通过互联网进行宣传推广的企业		自有网站	
		数量(个)	比重(%)	数量(个)	占使用互联网企业的比重(%)	数量(个)	占使用互联网企业的比重(%)
汽车制造业	51	51	100.0	45	88.2	27	52.9
铁路、船舶、航空航天和其他运输设备制造业	29	27	93.1	21	77.8	10	37.0
电气机械和器材制造业	84	84	100.0	72	85.7	41	48.8
计算机、通信和其他电子设备制造业	42	42	100.0	38	90.5	21	50.0
仪器仪表制造业	23	23	100.0	22	95.7	14	60.9
其他制造业	2	2	100.0	1	50.0	1	50.0
废弃资源综合利用业	9	9	100.0	5	55.6	1	11.1
金属制品、机械和设备修理业	17	17	100.0	13	76.5	1	5.9
电力、热力、燃气及水生产和供应业	**373**	**373**	**100.0**	**257**	**68.9**	**100**	**26.8**
电力、热力生产和供应业	295	295	100.0	198	67.1	70	23.7
燃气生产和供应业	60	60	100.0	45	75.0	21	35.0
水的生产和供应业	18	18	100.0	14	77.8	9	50.0
建筑业	**3020**	**3004**	**99.5**	**2202**	**73.3**	**424**	**14.1**
房屋建筑业	1049	1042	99.3	754	72.4	105	10.1
土木工程建筑业	796	795	99.9	579	72.8	148	18.6
建筑安装业	536	531	99.1	391	73.6	90	16.9
建筑装饰、装修和其他建筑业	639	636	99.5	478	75.2	81	12.7
批发和零售业	**3048**	**3045**	**99.9**	**2259**	**74.2**	**376**	**12.3**
批发业	1097	1095	99.8	678	61.9	143	13.1
零售业	1951	1950	99.9	1581	81.1	233	11.9
交通运输、仓储和邮政业	**494**	**493**	**99.8**	**318**	**64.5**	**65**	**13.2**
铁路运输业	15	14	93.3	9	64.3	3	21.4
道路运输业	360	360	100.0	223	61.9	41	11.4
水上运输业							
航空运输业	11	11	100.0	10	90.9	4	36.4
管道运输业							
多式联运和运输代理业	13	13	100.0	9	69.2	3	23.1
装卸搬运和仓储业	72	72	100.0	45	62.5	6	8.3
邮政业	23	23	100.0	22	95.7	8	34.8
住宿和餐饮业	**778**	**777**	**99.9**	**640**	**82.4**	**97**	**12.5**
住宿业	346	345	99.7	290	84.1	57	16.5
餐饮业	432	432	100.0	350	81.0	40	9.3

互联网广告		搜索引擎		电子商务平台		电子邮件		社交网站或即时通讯社交工具	
数量（个）	占使用互联网企业的比重（%）	数量（个）	占使用互联网企业的比重（%）	数量（个）	占使用互联网企业的比重（%）	数量（个）	占使用互联网企业的比重（%）	数量（个）	占使用互联网企业的比重（%）
11	21.6	7	13.7	1	2.0	18	35.3	12	23.5
2	7.4	4	14.8	4	14.8	7	25.9	5	18.5
22	26.2	8	9.5	6	7.1	31	36.9	16	19.0
12	28.6	4	9.5	5	11.9	15	35.7	9	21.4
9	39.1	6	26.1	2	8.7	10	43.5	6	26.1
2	22.2	1	11.1	1	11.1	1	11.1	2	22.2
2	11.8	1	5.9			7	41.2	3	17.6
45	**12.1**	**30**	**8.0**	**15**	**4.0**	**78**	**20.9**	**49**	**13.1**
35	11.9	25	8.5	9	3.1	63	21.4	35	11.9
8	13.3	4	6.7	6	10.0	11	18.3	13	21.7
2	11.1	1	5.6			4	22.2	1	5.6
513	**17.1**	**239**	**8.0**	**106**	**3.5**	**938**	**31.2**	**457**	**15.2**
194	18.6	75	7.2	36	3.5	321	30.8	152	14.6
102	12.8	68	8.6	35	4.4	238	29.9	128	16.1
97	18.3	45	8.5	18	3.4	173	32.6	83	15.6
120	18.9	51	8.0	17	2.7	206	32.4	94	14.8
831	**27.3**	**207**	**6.8**	**297**	**9.8**	**578**	**19.0**	**641**	**21.1**
157	14.3	61	5.6	65	5.9	225	20.5	153	14.0
674	34.6	146	7.5	232	11.9	353	18.1	488	25.0
85	**17.2**	**28**	**5.7**	**22**	**4.5**	**98**	**19.9**	**77**	**15.6**
1	7.1			1	7.1	3	21.4	1	7.1
57	15.8	20	5.6	12	3.3	69	19.2	59	16.4
1	9.1	1	9.1					5	45.5
2	15.4	1	7.7	1	7.7	2	15.4	2	15.4
12	16.7	3	4.2	3	4.2	20	27.8	4	5.6
12	52.2	3	13.0	5	21.7	4	17.4	6	26.1
241	**31.0**	**41**	**5.3**	**132**	**17.0**	**92**	**11.8**	**148**	**19.0**
108	31.3	22	6.4	68	19.7	49	14.2	59	17.1
133	30.8	19	4.4	64	14.8	43	10.0	89	20.6

6-10 续表 2

行业	企业数(个)	使用互联网的企业					
				通过互联网进行宣传推广的企业			
						自有网站	
		数量(个)	比重(%)	数量(个)	占使用互联网企业的比重(%)	数量(个)	占使用互联网企业的比重(%)
信息传输、软件和信息技术服务业	**118**	**118**	**100.0**	**109**	**92.4**	**62**	**52.5**
电信、广播电视和卫星传输服务	70	70	100.0	63	90.0	28	40.0
互联网和相关服务	5	5	100.0	5	100.0	2	40.0
软件和信息技术服务业	43	43	100.0	41	95.3	32	74.4
房地产业	**2392**	**2366**	**98.9**	**1682**	**71.1**	**182**	**7.7**
房地产业	2392	2366	98.9	1682	71.1	182	7.7
租赁和商务服务业	**211**	**208**	**98.6**	**157**	**75.5**	**61**	**29.3**
租赁业	5	5	100.0	2	40.0	1	20.0
商务服务业	206	203	98.5	155	76.4	60	29.6
科学研究和技术服务业	**166**	**166**	**100.0**	**135**	**81.3**	**77**	**46.4**
研究和试验发展	7	7	100.0	7	100.0	4	57.1
专业技术服务业	149	149	100.0	121	81.2	70	47.0
科技推广和应用服务业	10	10	100.0	7	70.0	3	30.0
水利、环境和公共设施管理业	**64**	**64**	**100.0**	**50**	**78.1**	**21**	**32.8**
水利管理业	4	4	100.0	3	75.0	1	25.0
生态保护和环境治理业	6	6	100.0	3	50.0		
公共设施管理业	54	54	100.0	44	81.5	20	37.0
土地管理业							
居民服务、修理和其他服务业	**48**	**48**	**100.0**	**40**	**83.3**	**9**	**18.8**
居民服务业	18	18	100.0	16	88.9	5	27.8
机动车、电子产品和日用产品修理业	16	16	100.0	16	100.0	2	12.5
其他服务业	14	14	100.0	8	57.1	2	14.3
教育	**57**	**57**	**100.0**	**47**	**82.5**	**11**	**19.3**
教育	57	57	100.0	47	82.5	11	19.3
卫生和社会工作	**96**	**96**	**100.0**	**84**	**87.5**	**36**	**37.5**
卫生	96	96	100.0	84	87.5	36	37.5
社会工作							
文化、体育和娱乐业	**91**	**91**	**100.0**	**87**	**95.6**	**33**	**36.3**
新闻和出版业	21	21	100.0	21	100.0	17	81.0
广播、电视、电影和录音制作业	29	29	100.0	27	93.1	3	10.3
文化艺术业	20	20	100.0	18	90.0	9	45.0
体育	5	5	100.0	5	100.0		
娱乐业	16	16	100.0	16	100.0	4	25.0

互联网广告		搜索引擎		电子商务平台		电子邮件		社交网站或即时通讯社交工具	
数量（个）	占使用互联网企业的比重（%）	数量（个）	占使用互联网企业的比重（%）	数量（个）	占使用互联网企业的比重（%）	数量（个）	占使用互联网企业的比重（%）	数量（个）	占使用互联网企业的比重（%）
52	**44.1**	**23**	**19.5**	**18**	**15.3**	**29**	**24.6**	**25**	**21.2**
39	55.7	14	20.0	15	21.4	18	25.7	13	18.6
2	40.0	3	60.0			2	40.0	4	80.0
11	25.6	6	14.0	3	7.0	9	20.9	8	18.6
648	**27.4**	**155**	**6.6**	**69**	**2.9**	**509**	**21.5**	**390**	**16.5**
648	27.4	155	6.6	69	2.9	509	21.5	390	16.5
42	**20.2**	**15**	**7.2**	**15**	**7.2**	**36**	**17.3**	**43**	**20.7**
1	20.0							1	20.0
41	20.2	15	7.4	15	7.4	36	17.7	42	20.7
29	**17.5**	**20**	**12.0**	**4**	**2.4**	**38**	**22.9**	**24**	**14.5**
1	14.3			1	14.3	5	71.4	2	28.6
26	17.4	19	12.8	3	2.0	32	21.5	21	14.1
2	20.0	1	10.0			1	10.0	1	10.0
27	**42.2**	**7**	**10.9**	**12**	**18.8**	**18**	**28.1**	**21**	**32.8**
1	25.0	2	50.0			1	25.0		
3	50.0					1	16.7		
23	42.6	5	9.3	12	22.2	16	29.6	21	38.9
20	**41.7**	**8**	**16.7**	**5**	**10.4**	**12**	**25.0**	**10**	**20.8**
8	44.4	2	11.1	2	11.1	3	16.7	4	22.2
8	50.0	5	31.3	1	6.3	7	43.8	5	31.3
4	28.6	1	7.1	2	14.3	2	14.3	1	7.1
11	**19.3**	**4**	**7.0**	**1**	**1.8**	**12**	**21.1**	**11**	**19.3**
11	19.3	4	7.0	1	1.8	12	21.1	11	19.3
34	**35.4**	**17**	**17.7**	**10**	**10.4**	**14**	**14.6**	**21**	**21.9**
34	35.4	17	17.7	10	10.4	14	14.6	21	21.9
39	**42.9**	**16**	**17.6**	**11**	**12.1**	**17**	**18.7**	**30**	**33.0**
8	38.1	3	14.3	2	9.5	1	4.8	5	23.8
13	44.8	5	17.2	4	13.8	5	17.2	10	34.5
8	40.0	5	25.0	2	10.0	9	45.0	4	20.0
1	20.0	1	20.0	1	20.0			2	40.0
9	56.3	2	12.5	2	12.5	2	12.5	9	56.3

6-11 分地区企业互联网

地 区	企业数（个）	使用互联网的企业		通过互联网进行宣传推广的企业		自有网站		互联网广告	
		数量（个）	比重（%）	数量（个）	占使用互联网企业的比重（%）	数量（个）	占使用互联网企业的比重（%）	数量（个）	占使用互联网企业的比重（%）
全 省	**14635**	**14570**	**99.6**	**10900**	**74.8**	**2605**	**17.9**	**3410**	**23.4**
太原市	3960	3932	99.3	2922	74.3	888	22.6	881	22.4
大同市	984	982	99.8	730	74.3	141	14.4	229	23.3
阳泉市	592	591	99.8	442	74.8	108	18.3	139	23.5
长治市	1361	1360	99.9	965	71.0	93	6.8	306	22.5
晋城市	915	912	99.7	718	78.7	160	17.5	224	24.6
朔州市	733	728	99.3	538	73.9	108	14.8	162	22.3
晋中市	1472	1464	99.5	1075	73.4	274	18.7	334	22.8
运城市	1575	1569	99.6	1245	79.3	334	21.3	398	25.4
忻州市	959	954	99.5	699	73.3	139	14.6	212	22.2
临汾市	1109	1106	99.7	832	75.2	182	16.5	283	25.6
吕梁市	975	972	99.7	734	75.5	178	18.3	242	24.9

宣传和推广情况

搜索引擎		电子商务平台		电子邮件		社交网站或即时通讯社交工具	
数量（个）	占使用互联网企业的比重（%）	数量（个）	占使用互联网企业的比重（%）	数量（个）	占使用互联网企业的比重（%）	数量（个）	占使用互联网企业的比重（%）
1183	**8.1**	**997**	**6.8**	**3552**	**24.4**	**2557**	**17.5**
368	9.4	253	6.4	949	24.1	625	15.9
73	7.4	87	8.9	235	23.9	121	12.3
50	8.5	40	6.8	129	21.8	101	17.1
105	7.7	69	5.1	328	24.1	265	19.5
71	7.8	64	7.0	176	19.3	221	24.2
51	7.0	47	6.5	176	24.2	116	15.9
101	6.9	106	7.2	384	26.2	251	17.1
149	9.5	106	6.8	390	24.9	318	20.3
72	7.5	67	7.0	262	27.5	150	15.7
79	7.1	68	6.1	273	24.7	215	19.4
64	6.6	90	9.3	250	25.7	174	17.9

附　录

主要指标解释

主要指标解释

房屋施工面积 指报告期内施工的全部房屋建筑面积。包括本期新开工的房屋建筑面积、上期跨入本期继续施工的房屋建筑面积、上期停缓建在本期恢复施工的房屋建筑面积、本期竣工的房屋建筑面积以及本期施工后又停缓建的房屋建筑面积。多层建筑应填各层建筑面积之和。

房屋新开工面积 指报告期内新开工建设的房屋建筑面积，以单位工程为核算对象，即整栋房屋的全部建筑面积，不能分割计算。不包括在上期开工跨入本期继续施工的房屋建筑面积和上期停缓建而在本期复工的房屋建筑面积。房屋的开工应以房屋正式开始破土刨槽（地基处理或打永久桩）的日期为准。

房屋竣工面积 指报告期内房屋建筑按照设计要求已全部完工，达到住人和使用条件，经验收鉴定合格或达到竣工验收标准，可正式移交使用的各栋房屋建筑面积的总和。

竣工面积以房屋单位工程（栋）为核算对象，在整栋房屋符合竣工条件后按其全部建筑面积一次性计算，而不是按各栋施工房屋中已完成的部分或层次分割计算。

商品房销售面积 指报告期内出售商品房屋的合同总面积（即双方签署的正式买卖合同中所确定的建筑面积）。商品房销售面积由现房销售面积和期房销售面积两部分组成。

（1）现房销售面积：指在报告期内正式签订买卖合同、已经竣工达到入住条件的商品房屋建筑面积。包括以一次性付款方式和分期付款方式销售的现房建筑面积。

（2）期房销售面积：指在报告期内正式签订买卖合同、正在建设尚未竣工交付使用的商品房屋建筑面积。包括以一次性付款方式和分期付款方式销售的商品房屋建筑面积。期房销售建筑面积竣工后不再结转为现房销售建筑面积。

商品房销售额 指报告期内出售商品房屋的合同总价款（即双方签署的正式买卖合同中所确定的合同总价）。该指标与商品房销售面积同口径，由现房销售额和期房销售额两部分组成。

（1）现房销售额：指报告期内销售的已竣工商品房屋的合同总价款。包括现房销售前期预收的定金、预收款、首付款及全部按揭贷款的本金等款项。该指标与现房销售面积同口径。

（2）期房销售额：指报告期内销售的正在建设尚未竣工的商品房屋的合同总价款。包括预售房屋前期预收的定金、预收款、首付款及全部按揭贷款的本金等项。该指标与期房销售面积同口径。

房屋竣工价值 指报告期内按规定已经上报竣工的房屋本身的建造价值。一般按房屋设计和预算规定的内容计算。包括竣工房屋本身的基础、结构、屋面、装修以及水、电、卫等附属工程的建筑价值；也包括作为房屋建筑组成部分而列入房屋建筑工程预算内的设备（如电梯、通风设备等）的购置和安装费用。不包括厂房内的工艺设备、工艺管线的购置和安装，工艺设备基础的建造；室外的水、暖、电、卫、道路工程、挡土墙等环境工程的费用；办公和生活用家具的购置等费用；购置土地的费用；迁移补偿费和场地平整的费用及城市建设配套投资。

房屋竣工价值不仅包括该竣工房屋在报告期内完成的价值，也包括跨年施工的房屋在本期以前完成的价值。未竣工而转让给其他单位的房屋建筑工程，出让单位不计算竣工价值，待接受单位继续施工并符合竣工条件后，由接受单位计算其竣工价值，包括出让单位在出让前所完成的价值。房屋竣工价值一般按结算价格（或中标价）计算。

待开发土地面积 指经有关部门批准，通过各种方式获得土地使用权，但尚未开工建设的土地面积。

本年土地购置面积 指在本年内通过各种方式获得土地使用权的土地面积。

待售面积 指报告期末已竣工的可供销售或出租的商品房屋建筑面积中，尚未销售或出租的商品房屋建筑面积，包括以前年度竣工和本期竣工的房屋面积，但不包括报告期已竣工的拆迁还建、统建代建、公共配套建筑、房地产公司自用及周转房等不可销售或出租的房屋面积。按照商品房待售时间的长短可以划分为待售一年以下、待售一到三年（含一年）和待售三年以上（含三年）。

本年土地成交价款 指进行土地使用权交易活动的最终金额。在土地一级市场，是指土地最后的划拨款、“招拍挂”价格和出让价；在土地二级市场是指土地转让、出租、抵押等最后确定的合同价格。土地成交价款与土地购置面积同口径，可以计算土地的平均购置价格。

资产总计 指企业过去的交易或者事项形成的、由企业拥有或者控制的、预期会给企业带来经济利益的资源。包括企业拥有的土地、办公楼、厂房、机器、运输工具、存货等实物资产和现金、存款、应收账款和预付账款等金融资产。资产一般按流动性（资产的变现或耗用时间长短）分为流动资产和非流动资产。其中流动资产可分为货币资金、交易性金融资产、应收票据、应收账款、预付款项、其他应收款、存货等；非流动资产可分为长期股权投资、固定资产、无形资产及其他非流动资产等。根据会计“资产负债表”中“资产总计”项目的期末余额数填报。

负债合计 指企业过去的交易或者事项形成的，预期会导致经济利益流出企业的现时义务。包括银行贷款、借款、应付账款、应付职工工资、应付职工福利费、应交税金等企业负有偿还责任的债务。

负债一般按偿还期长短分为流动负债和非流动负债。根据会计资产负债表中“负债合计”项目的期末余额数填报。执行企业会计准则或《小企业会计准则》的企业：负债合计=流动负债合计+非流动负债合计；执行其他企业会计制度的企业负债包括流动负债和长期负债。

主营业务收入 指企业确认的销售商品、提供劳务等主营业务的收入。根据会计“主营业务收入”科目的期末贷方余额填报。执行2006年《企业会计准则》的企业，如未设置该科目，以“营业收入”代替填报。

土地转让收入 指房地产开发企业按国家规定在报告期转让已经开发的土地和未经开发的土地所得到的收入。根据会计“利润表”和相关核算资料计算填报。

商品房屋销售收入 指房地产开发企业在报告期售出商品房屋的收入，一次收款的，一次性全部计入销售收入，按合同规定分期收款的，可按合同规定的时间分次计入收入。根据会计“利润表”和相关核算资料计算填报。

房屋出租收入 指房地产开发企业在报告期内，在不改变现有财产所有权关系的条件下，将企业的全部或部分房屋出租给其他单位或个人使用所得到的租金收入。根据会计“利润表”和相关核算资料计算填报。

其他（主营业务）收入 指房地产开发企业在报告期内从事除以上收入外的其他业务活动所得到的收入，包括配套设施销售收入、代建工程结算收入等。根据会计“利润表”和相关核算资料计算填报。

年末从业人数 指报告期末最后一日在本单位工作，并取得工资或其他形式劳动报酬的人员数。

年末零售营业面积 指批发和零售业企业用于本企业从事零售业务的对外营业的面积，不包括其办公用房、仓库、加工场地以及对外出租场地。按年末实有建筑面积统计。

年末餐饮营业面积 指住宿和餐饮业企业对外提供餐饮服务的就餐面积和从事食品加工、烹饪、调制的厨房面积，不包括办公用房和仓库等面积。按年末实有建筑面积统计。

营业收入 指企业经营主要业务和其他业务所确认的收入总额。营业收入包括“主营业务收入”和“其他业务收入”。根据会计“利润表”中“营业收入”项目的本年累计数填报。